CONSOLATIONS

POUR

LES PERSONNES

VALETUDINAIRES.

PAR

Mr. FORMEY.

Beatus es, ni unum defit, animus.

TERENT.

A BERLIN,

Chez GOTTLIEB AUGUSTE LANGE,

MDCCLVIII.

AVERTISSEMENT.

On m'avoit proposé de traduire un petit Ouvrage de Mr. GEL-LERT, qui roule sur le sujet indiqué au titre de celui-ci. (*) J'y avois consenti avec plaisir, plein d'estime, comme je le suis, pour tout ce qui sort de la plume de cet excellent Ecrivain. Cependant j'ai changé de dessein, en li-

A 2

sant

(*) Von den Trost-Gründen wider ein siches Leben. La troisième Edition est de 1755. à Leipsig, pp. 48. in octavo.

fant l'Original, dont j'avois projetté la Traduction; non qu'il ne foit fort bon, mais parce que ma propre méditation m'ayant fourni diverfes réflexions fur la même matiere, j'ai crû qu'il vaudroit peut-être mieux pour le Public qu'on lui donnât deux Ouvrages différens, que le même en deux Langues. Quoiqu'il en foit, je fouhaite que les fecours que j'offre ici à mes compagnons de fouffrance puiffent leur être de quelque utilité, & fervent à leur infpirer des difpofitions, dont je me fuis toujours parfaitement bien trouvé. Il y a un Art de jouir, & un Art de fouffrir. Ceux qui ignorent le premier, trouvent le mal à la fource même des biens; il fort du milieu même de cette fource, comme dit

un

un Poete Latin, quelque chose d'amer qui se fait sentir dans la fleur même de la volupté. (*) Ceux qui ignorent le second, aggravent non seulement beaucoup leurs maux, mais perdent encore des biens réels, des dédommagemens qu'on pourroit appeller des équivalens, & qui tiennent si étroitement à ces maux, qu'on peut les en regarder comme une conséquence immédiate, une suite nécessaire. Mais, pour posséder ce double Art, il faut penser, réfléchir, approfondir; ce que le gros des hommes ne sçait ni ne veut faire. Une

A 3

lectu-

______

(*) - - - - medio de fonte leporum

Surgit amari aliquid, quod in ipsis floribus

angat.

LUCRET. L. IV. V. 1127. 1128

lecture auſſi courte que celle de ces Confolations ſera peut-être plus propre à
les y engager, que des Traités de Mo-
rale fort étendus, dont la groſſeur les
rebuteroit. Les principes que j'établis
ici ne ſont pas reſtraints au ſeul état
des valétudinaires ; leur application s'é-
tend à tous les griefs du genre humain,
& il n'y a perſonne qui ne puiſſe en tirer des conſéquences à ſon propre uſage.
Les hommes ſeroient agréablement ſur-
pris, s'ils ſavoient combien peu il en
coûte pour s'affranchir preſque entierement d'une foule de miſères, dont la
ſeule idée les fait frémir, parce qu'ils
n'ont jamais oſé les conſidérer de près,
& les enviſager fixement.

CON-

CONSOLATIONS
POUR LES PERSONNES
VALÉTUDINAIRES.

Il y a bien des épreuves dans la vie; mais il n'y en a point qui n'ait ses consolations. Si les hommes sont plus malheureux qu'ils ne devroient l'être, c'est parce qu'ils ne veulent pas être consolés. Ils s'en prennent à la Nature, à la Providence, aux perfections de l'Etre suprème; tandis que ce sont là autant de sources où ils pourroient puiser des adoucissemens à leur état, qui à la longue en feroient disparoître toute l'amertume. Le dirai-je? Il semble que la plûpart des hommes aiment le murmure, l'impatience, les plaintes, qu'ils se plaisent à s'affermir dans ces dis-

posi-

pofitions féditieufes, à aigrir cette efpece de levain, qui les tient dans une fermentation continuelle. Ce feroit les irriter que de les rendre
heureux. On peut les comparer à ces plaideurs
acharnés qu'on veut débarraffer de tous leurs
procès, & qui demandent en grace qu'on leur
en laiffe au moins quelques uns.

Une des caufes qui engagent le plus fréquemment les hommes à fe plaindre de leur
état, c'eft le defordre de la fanté, ce font ces
infirmités qui troublent la vie, qui en empoi-
fonnent même quelquefois le cours entier, &
qui femblent priver ceux qui y font expofés de
toutes les douceurs qu'on peut goûter fous le
Soleil. A' quoi bon naître pour ne faire que
fouffrir? Quelle chaîne funefte que celle qui ne
fert qu'à lier des jours douloureux, ou du moins
defagréables? Comment fe laiffer aller à la tranquillité; comment ouvrir fon cœur à la joye;
comment s'attacher à fes devoirs; comment
remplir fa vocation; tant qu'on eft traverfé de
la forte? J'avouë que cet état eft incommode, &
qu'il vaudroit peut-être mieux ne s'y pas trouver. Je dis fimplement *peut-être*; & j'efpère
que la fuite de ce Difcours juftifiera cette reftric-
tion. En attendant je fupplie ceux qui gémif-
fent ainfi, de ne pas fe livrer à des impreffions
purement machinales, mais de fe fouvenir, qu'é-
tant hommes, & par conféquent raifonnables,
ils doivent faire ufage de la Raifon dans toutes
les fituations de la vie, & foumettre à fon Tri-
bunal

bunal ce que les sens & les passions nous offrent d'une maniere trop confuses pour que nous puissions y fonder aucun jugement certain.

Avant que d'aller plus loin, je justifierai le droit que j'ai traiter de cette matiere. Il est aisé de prêcher la patience, quand on n'a jamais eu occasion de la réduire en pratique. C'est ainsi qu'on a reproché à *Seneque* d'avoir merveilleusement moralisé sur le mépris des richesses, tandis qu'il avoit des Trésors, & vivoit au sein de l'abondance. Un corps de la trempe de ceux qu'on appelle corps de fer, qui n'a jamais senti le plus leger ébranlament douloureux, la moindre atteinte d'incommodité, un tel corps endurcit pour l'ordinaire l'ame de ceux qui le possedent : ils ne s'imaginent pas qu'on puisse jamais souffrir ; ils prennent les cris même, pour de simples simagrées, ou tout au plus pour des marques de l'extrème foiblesse de ceux qui donnent ces signes de douleur. Il n'en est pas ainsi de ceux qui ont passé par les souffrances, & qui en connoissent l'amertume. Ils sont compâtissans & secourables. (*) Personne ne sauroit être dans ce cas plus que moi. Né délicat, élevé délicatement, j'ai vû défaillir à l'entrée de ma carrière ce principe de vigueur, qui soutient ordinairement l'âge viril, & s'étend quelquefois assez avant dans la vieillesse. Avant que d'avoir accompli ma vint-quatrième année, un rhumatisme universel m'avoit accablé, & comme anéanti. Il n'y

A 5

a point

(*) *Non ignara mali, miseris succurrere disco.* Virg.
Æneid. I. 930.

a point eu de rétablissement proprement dit pour moi. J'ai eu des lueurs de santé, des intervalles assez favorables, pendant les vint-trois ans qui se sont écoulés depuis; mais, toutes les fois que j'ai crû avoir regagné le terme d'une santé ordinaire, quelque rechûte, quelque nouvelle attaque, est survenue, & m'a remis plus bas que je n'avois encore été. A' la fin ces alternatives ont tourné en habitude; je les regarde comme un état consistant & décidé: je ne suis jamais passablement bien que je ne pense, mais sans aucune inquiètude, au nouveau choc qui se prépare; & quand ce choc existe, je me tranquillise dans l'attente d'un état plus supportable qui y succédera, jusqu'à ce qu'à force de tomber & de me relever, je reste gisant. Mais, tandis que je suis encore debout, je crois devoir adresser quelques propos de consolation à mes compagnons de souffrance, & leur faire voir surtout que le parti du dépit & de la désolation est le moins sensé de tous, puisqu'il ne fait qu'aggraver nos maux à pure perte.

Cependant je me bornerai aux consolations philosophiques. Celles de la Religion sont décisives; elles trenchent tous les nœuds, elles levent toutes les difficultés. Quand on *sait à qui l'on a crû*, les maux ne sont plus des maux; ils deviennent des biens, ou du moins l'extrème disproportion qui se trouve entre l'état de souffrance & l'état de rémuneration anéantit le premier; il devient un *infiniment petit*. L'Ecriture re Sainte est ouverte à tous ceux qui veulent y recourir: & aucun de ceux qui la lisent avec des dispositions véritablement Chrêtiennes, n'est frustré de l'attente fondée sur cette déclaration du Sauveur: *Venez à moi, vous tous qui êtes travaillés & chargés; je vous soulagerai, & vous trouverez du repos dans vos ames.* Il y a outre cela d'excellens ouvrages destinés à ouvrir les sources des consolations salutaires. Je veux donc simplement raisonner, & en quelque sorte m'entretenir, avec ceux qui se plaignent de leur état; je veux examiner leurs griefs, les peser à la balance d'une raison impartiale, chercher dans la structure de nos corps, dans l'histoire de leur propre vie, dans le plan du monde, dans le système de la compensation, & dans les perfections divines, autant que nous pouvons les connoitre par les lumieres naturelles, des raisons, sinon de se réjouïr & de se glorifier dans la souffrance, (il n'y a que la Religion qui puisse les fournir,) au moins des motifs de tranquillité & d'acquiescement. Les cinq Considérations principales qui viennent d'être indiqueés, vont faire la division de ce petit Traité.

I. Jettons d'abord les yeux sur notre Corps; examinons en la structure; voyons la multitude infinie & la délicatesse inexprimable des parties qui entrent dans sa composition, & qui concourent à sa conservation. Prenez pour vous guider dans tous les recoins de ce Labyrinthe un Anatomiste consommé; suivez exactement

ment tous fes pas; contemplez la merveille de l'œil & celle de l'oreille; que rien ne vous échape de ce que nos yeux puiſſamment fortifiés par d'excellens Microſcopes ſont en état de découvrir. Après cet examen pouſſé juſqu'où il peut aller, voyons qu'elles ſont vos prétentions; dreſſez votre requête, & la mettez au net. Un mot ſuffit, répondez-vous: Je voudrois jouïr d'une ſanté parfaite & inaltérable. Mais ne voyez-vous pas tout ce que ce mot comprend, & combien vous êtes peu fondé à faire cette demande? Vous exigez que tous ces reſſorts, toutes ces fibres, toutes ces parties dont vous venez d'admirer la fineſſe & le jeu, demeurent tellement les mêmes qu'il n'y arrive jamais aucun changement ſenſible, malgré le cours des années, malgré le choc des élémens, malgré l'action réunie de tant de cauſes propres à les altérer, & finalement à les détruire.

Il eſt aiſé de prévoir une inſtance qui ſuivra de près. A quoi bon, dira-t-on, un corps ſi délicat, ſi frêle, & pour ainſi dire, ſi *entamable?* N'auroit-il pas mieux valu une bonne Machine, bien ſolide, au riſque d'être un peu groſſiere, une cuiraſſe à l'épreuve, que d'avoir à reſſentir depuis la racine des cheveux juſqu'à la plante des pieds des maux de toute eſpece, & dont la plûpart mettent la patience à bout? Fort bien; c'eſt ici où je vous attendois. Ecoutez-moi, & voyez, ſi vous aurez quelque choſe à répliquer.

Je

Je ne m'arrêterai pas longtems à une réflexion générale, qui bien que très vraye, & très solide, pourroit paroitre un peu trop abstraite. C'est que dans l'immense variété des êtres, l'Homme est l'Homme, & ne peut être que l'Homme. Cette qualité ne lui vient pas seulement de ce qu'il a une ame jointe à un corps, mais encore & surtout, de ce que cette ame est telle, & de ce que ce corps est tel. Un Esprit angelique uni à un corps humain ne seroit pas un homme; une ame humaine unie à un corps d'éléphant, ou de chien, ne seroit pas un homme: on en conviendra sans peine. Mais cela s'étend plus loin encore. Un corps humain est ce qu'il est, & ne peut être autre chose; c'est un assemblage donné de parties, dont la figure & les proportions, susceptibles de certaines variétés, ne sçauroient pourtant s'écarter d'une structure générale & commune. Les plus vigoureux & les plus fluets de l'espece humaine, sont également de chair & d'os; ils ont le cerveau dans son état de mollesse naturelle; les poumons composés de vesicules fort minces; le sang coulant dans les veines & dans les artéres, & causant ce battement perpétuel du cœur qui commence la vie, & se termine avec elle. Si vous voulez refondre cette Machine, donner à ses parties un arrangement, ou une consistance, dont elles ne sont pas naturellement susceptibles, vous défaites à proprement parler l'homme, pour faire un autre Etre, d'une es-

pece

pece différente. Ainsi, on pourroit répondre tout d'un coup à ceux qui se plaignent de leur corps & de ses qualités constitutives, qu'ils se plaignent d'être hommes, & voudroient passer de l'espece humaine à une autre; ce qui ne peut arriver que par voye d'anéantissement & de nouvelle création, vû que la saine Métaphysique ne nous laisse aucun doute sur l'immutabilité des especes, & sur l'incommunicabilité des essences. Il en est d'eux comme de ceux qui déclament contre la foiblesse de la raison & contre les bornes de l'Entendement humain; ils voudroient à la lettre s'élever dans l'échelle des Etres: & cela conduit à la même contradiction. On est ce qu'on est; on n'est que ce qu'on peut être: & réciproquement, on ne peut être, quant aux choses essentielles, que ce qu'on est.

Mais j'ai promis de ne point m'arrêter à des raisonnemens qui ne fussent pas à la portée de tout le monde. Ainsi j'accorderai, si l'on veut, que notre corps auroit pû être construit plus solidement qu'il ne l'est. Qu'en résulteroit-il? & en voulant gagner, que ne perdroit-on pas? La solidité & la grossiereté sont la même chose dans le cas présent: & cette grossiereté emporteroit la privation de tous ces sentimens délicats, de ces sensations exquises, qui font la principale source des agrémens de notre bien-être. Faites par exemple, les parties intérieures de l'oreille plus fortes, plus compactes: vous préviendrez peut-être quelques uns des accidens qui affoiblissent

l'ouie

l'ouie, & quelquefois nous en privent; mais en revanche il faudra renoncer à tous les charmes de l'Harmonie, & se borner à entendre des sons proportionnés à la rudesse de l'organe qu'ils ébranleront. Il est aisé d'appliquer cet exemple à toutes les fonctions de notre machine. La refonte à laquelle on aspire, n'aboutiroit qu'à faire d'une excellente Montre un lourd Tourne-broche. Je demande à ceux qui auroient fait ce troc, s'ils croyent qu'ils en demeureroient longtems satisfaits; & s'ils n'étourdiroient pas bientôt Jupiter par de nouvelles requêtes, comme l'Ane qui vouloit sans cesse changer de Maî-tre. Ne voyons-nous pas-même tous les jours des gens qui se plaignent que la Nature les a traité trop durement à cet égard, & qui regret-tent des privations dont la cause se trouve dans le défaut de délicatesse de leurs organes? Ne porte-t-on pas envie aux personnes heureuse-ment organisées? Ne se fait-on pas une idée délicieuse de certains plaisirs qu'on pourroit goû-ter, en supposant un accroissement de finesse dans les parties qui en font le siège? Mais voilà des idées auxquelles on n'apporte jamais un degré suffisant d'attention. On veut des choses incompatibles, & on les veut aussi forte-ment que si elles s'accordoient à merveille en-semble.

Réfléchissons en même tems sur les opéra-tions de notre ame, & voyons ce qu'elles sup-posent, tant en général que dans certains cas

par-

particuliers. Il n'importe ici de favoir en quoi confifte la nature, ou l'effence, de cette ame; il fuffit de s'en tenir à l'Expérienee, qui ne nous permet pas de douter, qu'outre le principe moteur, il exifte en nous, fi je puis m'exprimer ainfi, un principe *penfeur*, une force de produire des idées, dont les effets diverfement modifiés s'appellent communément les facultés de notre ame. Un femblable principe, renfermé dans une ftatue folide, ou même dans une Machine, telle que le Flûteur automate de *Vaucanfon*, n'y penferoit affurément pas; parce que, foit influence, foit occafionalifme, foit harmonie, il faut à l'ame un corps humain avec tout l'attirail de fa compofition, & en particulier un cerveau dans laquel fe faffe la fécretion de cette liqueur, ou de ce fluide, fi fubtil qu'on a crû devoir le défigner par le nom d'efprits animaux. Mettez donc à la place des parties charnües & médullaires, du bronze ou du bois; & vous aurez un compofé difcordant dont il fera impoffible de rien tirer. Le même cas auroit lieu proportionellement à tout degré de confiftance que vous voudrez fuppofer au delà de l'état ordinaire, & de la ftructure naturelle de notre corps. Ainfi, c'eft aux dépens de notre ame, & de l'exercice de fes facultés, que nous voudrions acquérir cette vigueur chimérique, qui nous conduiroit tout droit à l'infenfibilité & à la ftupidité.

II. Mais

II. Mais n'avons-nous point décidé trop legèrement au defavantage de la bonté & de la vigueur de notre corps? Eft-il auffi foible, auffi chancelant, qu'on voudroit l'infinuer? N'eft-ce pas au contraire une nacelle qui, bien gouvernée, fuffit ordinairement pour le trajet que nous avons à faire? Pouvons-nous. prétendre qu'elle foit deftinée à aller fans ceffe fe heurter contre tous les écueils auxquels il nous plaît de l'expofer? Ici j'en appelle à ceux qui murmurent de leurs infirmités, & je les prie de repaffer attentivement toute l'hiftoire de leur vie, pour voir, fans fe faire aucune illufion, s'ils n'ont point altéré eux-mêmes les refforts de cette Machine, qui eft à la vérité détraquée aujourdhui, mais qui ne le feroit pas, fi elle avoit été mieux ménagée.

Je ne daigne pas m'arrêter ici à ceux que des excès crians & honteux ont énervé, & gâté jufques dans les moëlles. Leur état eft une punition; & il ne refte autre chofe à faire que de l'endurer dans des difpofitions qui puiffent le rendre expiatoire. Il eft affurément bien honteux pour l'humanité qu'il fe trouve des créatures, parmi celles qui ont droit au titre de raifonnables, dont les égaremens les dégradent & les mettent fort au deffous des bêtes. Qu'y a-t-il de plus bas qu'une yvrognerie quotidienne, qui tient l'efprit continuellement offufqué par des vapeurs groffieres, & qui ôte au corps fa force, & prefque fa figure? Qu'y a-t-il de plus flétriffant que le commerce de cette baliure

B

du

du fexe, vil rebut, véritable excrément de la Société, de ces femmes perdues, qui exhalent de toutes parts un poifon funefte, & précipitent ceux qui les fréquentent dans l'infamie où elles font plongées? Mais encore une fois ce n'eft pas à des ames auffi viles qu'il faut s'adreffer: la Philofophie n'eft pas plus difposée que la Religion à jetter fes perles aux pourceaux.

Il refte dans la Société un grand nombre de perfonnes qui n'ont pas fçu dans leur jeuneffe, ou ne fçavent pas encore, faire un ufage prudent des organes & des forces de leurs corps, pour prolonger leur intégrité jufqu'à une vieilleffe avancée. Il faut remonter d'abord à l'éducation, qui eft la fource de la plûpart des maux de la vie. Des enfans dont le foin eft négligé donnent dans diverfes irrégularités, foit à l'égard des alimens, foit dans les mouvemens auxquels la vivacité de leur âge les porte; & il arrive très fouvent qu'ils contractent dès-lors le germe de plufieurs infirmités dont ils fe reffentent toute leur vie. Mais ce fujet n'entre pas dans mon plan: il appartient aux Traités où l'on donne des préceptes d'éducation. Tout ce que je puis faire ici, c'eft d'exhorter en deux mots ceux qui élevent des enfans, à veiller fur ces jeux & ces divertiffemens où l'ardeur les emporte fort au delà de ce que peut foutenir un âge auffi tendre, & furtout à les régler par rapport à la nourriture qu'on donne imprudemment à toute heure, & avec une profufion, qui

fatigue

fatigue & bientôt détruit un eſtomac, ſans les fonctions duquel on ne peut, ni vivre ſain, ni devenir vieux.

C'eſt à ceux qui commencent à ſe ſentir & à faire uſage de leur raiſon que je m'adreſſe; à ces jeunes gens qu'*Horace* décrit admirablement dans la belle deſcription qu'il fait des âges de la vie, (*) & que *Boileau* a heureuſement imitée dans ces vers.

Un jeune homme, toujours bouïllant dans ſes
caprices,
Eſt prompt à recevoir l'impreſſion des vices;
Eſt vain dans ſes diſcours, volage en ſes deſirs,
Rétif à la cenſure, & ſou dans les plaiſirs.

La jeuneſſe eſt un état critique; quand on en a ſauvé les riſques, le reſte va, pour ainſi dire, de ſoi-même. Le défaut général des jeunes gens eſt de préſumer trop de leurs forces, & de croire qu'ils n'en trouveront jamais le bout. Sans donner dans des excès deshonorans, ils ſe fatiguent & s'épuiſent, ſouvent avec de bonnes vuës, & par un principe louable d'application. L'attachement à l'étude, dès qu'il eſt pouſſé trop loin, devient dangereux pour ceux qui s'y livrent. Des yeux toujours appliqués

B 2

à la

(*) *Imberbis tandem juvenis, cuſtode remoto,*
Gaudet equis canibuſque, & aprici gramine campi.
Cereus in vitium flecti, monitoribus aſper,
Utilium tardus proviſor, prodigus æris,
Sublimis, cupidusque, & amata relinquere pernix.
Art. Poet. v. 161 - 165.

à la lecture & à l'écriture s'ufent bientôt; une tête dont tous les refforts font en quelque forte bandés, s'échauffe, ou s'appéfantit; l'application, les veilles allument le fang; la vie fedentaire interrompt la fecrétion & la circulation des humeurs: & en continuant de la forte, ou il furvient quelque violente maladie, dont on ne fe remet jamais parfaitement, ou bien l'on fe trouve vieux & caffé dès l'entrée de fa carrière. Il en eft de même dans les profeffions, les arts & les métiers; les mêmes rifques y font attachés à toutes les occupations qui excedent nos forces, & qui répugnent à notre tempérament. Ainfi, quand on veut recueillir le fruit de fes efforts, il faut en modérer l'activité, & ne point fe piquer de la frivole diftinction d'arriver un peu plutôt à un certain point, foit de lumieres, foit d'avancement dans les emplois, puifqu'on y arrive déjà rendu, & hors d'état de faire des progrès ultérieurs. Il y a des fujets qu'il faut éguillonner, mais il y en a qu'il faut modérer, & comme enrayer dans la rapidité de leur courfe.

Cette même époque eft celle de toutes les paffions, qui éclatent avec force dans la vigueur de l'âge, & qui régnent fur tout le refte de la vie avec une autorité qui devient tyrannique, lorfqu'on ne peut, ni ne veut, leur réfifter. Ce font proprement les paffions qui nous ufent & qui nous tuent; elles font bouïllir & fermenter continuellement un fang dont l'action, tantôt

pré-

précipitée, tantôt retardée, toujours dérangée, devient le principe de toutes sortes d'accidens & de desordres dans la machine. Si l'on y prend garde, les personnes qui deviennent fort vieilles, & qui conservent dans leur vieillesse toute la vigueur dont cet âge est susceptible, ont été des personnes douces, tranquilles, qui n'ont jamais été en proye à de vives émotions, qui n'ont point participé à ce genre de vie tumultueux qu'on peut appeller l'élément du plus grand nombre, mais qui coulant leurs jours dans un calme presque inaltérable, ont versé par ce moyen un véritable baume dans leur sang, & entretenu une juste harmonie entre tous leurs organes. Nous ne pouvons guères citer d'exemple plus remarquable dans ce genre que l'illustre M. *de Fontenelle*, qui vient de finir sa longue & riante carrière. Tous ceux qui l'ont connu personnellement, conviennent de la parfaite égalité de son humeur & de son caractère: & ceux qui veulent le connoitre après sa mort, n'ont qu'à lire les *Fontenelliana*, que son digne Ami, M. l'Abbé *Trublet*, a insérés dans divers Volumes du Mercure de France de l'année derniere. Il n'est pas étonnant sans doute qu'une personne toujours inquiete, agitée, dominée par l'ambition ou l'avarice, rongée par la haine ou l'envie, séche sur pied, & tombe au milieu, ou vers les deux tiers de sa course. On peut dire d'elle que *la mort étoit dans la chaudiere*, qu'un poison lent les dévoroit, & qu'elles sont dans le cas

du

du suicide. Ouï, la plûpart des hommes se
tuënt au pied de la lettre, & s'apperçoivent même fort bien qu'ils se tuënt. Mais la force de
quelque habitude invétérée, l'attrait de quelque
bien séduisant, & mille fortes d'illusions auxquelles ils font continuellement en proye, les
conduisent au bord de la fosse, & les y font
tomber, sans qu'ils daignent faire un pas en ar-
riere pour s'en éloigner.

On ne sçauroit croire combien les soucis,
les tracasseries, les inquiétudes, les allarmes, qui
fe succedent presque sans interruption, quand
une fois on s'eft livré aux embarras de la vie, &
au train du monde; on ne sçauroit croire, dis-
je, combien ce flux & reflux perpétuel d'idées
qui roulent jour & nuit dans un cerveau affairé,
ruïne la santé, mine les forces, & abrége la
vie. On a vû des prisonniers dont les cheveux
ont changé de couleur pendant la nuit qui pré-
cédoit le jour de leur supplice. Quelle idée cela ne doit-il pas donner de l'action de l'ame sur
le corps, & des altérations prodigieuses que
cette action, renduë trop véhémente, eft capable
d'y produire! Ce qui arrive quelquefois tout
d'un coup dans des cas extraordinaires, arrive
au moins en détail à tous ceux qui n'ont pas une
heure de véritable tranquillité. Leur déca-
dence, pour être quelquefois imperceptible,
n'en eft pas moins réelle, ni moins rapide. On
eft surpris de voir terminer la course de personnes qui ne font pas fort âgées, & qui paroiffent
n'avoir

n'avoir pas été expofées à de grandes fatigues: c'eft l'épée qui a ufé le fourreau; & ce dégât eft plus incurable que ceux dont la fource vient des travaux corporels. On fe délaffe, on fe remet fouvent des corvées les plus accablantes, des plus rudes campagnes: quelquefois même le corps y a plus gagné que perdu; certaines parties fe font endurcies & fortifiées par le mouvement, ou en demeurant expofées aux intempéries de l'air. Mais quand des fibres délicates ont été trop fouvent ébranlées dans l'intérieur du cerveau, quand on a fait jouër trop fréquemment & trop fortement des reſſorts eſſentiels, qui veulent être traités avec le plus grand ménagement, le mal eft irréparable; il n'y a aucun fecours dont l'efficace puiſſe parvenir jufques-là. On ne fait plus que languir & décheoir; ou bien il furvient un de ces coups de foudre qui abattent & terraſſent fans retour. Le jonc, l'acier, une corde d'arc, quelle que foit leur élafticité, rompent & fe brifent, quand on les tend avec trop d'effort.

Enfin le régime & l'exercice étant les deux pivots de la fanté, l'extrème négligence où quantité de perfonnes vivent à cet égard eft caufe qu'elles paſſent mal à leur aife des années qu'il auroit été facile de préferver des maux dont elles font remplies, & qu'elles en hâtent confidérablement la fin. On peut comparer leur conduite à celle des prodigues, qui dépenſent bien vîte les plus amples patrimoines, tandis que

d'aud'autres par une prudente œconomie se tirent tout doucement d'affaire avec de très modiques revenus. Un filet de santé bien ménagé dure plus que ces gros cables qui paroissoient indestructibles. *L'aise tuë les sots*, dit le Sage. Il est impossible qu'un corps qui ne prend presque aucun mouvement, ne perde sa souplesse, son agilité, & à la fin son mouvement. Quand les vint quatre heures du jour se partagent en douze heures au lit, & les douze autres dans quelque attitude nonchalante, les humeurs ne tardent pas à croupir; & au lieu de se distribuer chacune suivant sa destination, elles forment des amas, des dépôts, qui anticipent la putréfaction à laquelle le corps est destiné. L'exercice bien réglé prévient la plûpart des maladies; l'homme est né pour en prendre, & c'est ce qui prouve la nécessité du travail.

Quant au régime, on peut dire qu'il produit de vrais miracles, & qu'il a également démontré sa vertu, soit pour soutenir des tempéramens naturellement foibles, soit pour rétablir des constitutions délabrées. L'exemple de *Louïs Cornaro* est si singulier, que je ne puis m'empêcher de m'y étendre avec quelque complaisance en faveur de ceux d'entre mes Lecteurs à qui il pourroit n'être pas connu.

Ce Gentilhomme Vénitien étoit né d'une complexion fort délicate. A' l'âge d'environ 40 ans se trouva la santé ruinée par la bonne chere. On lui dit que la vie sobre étoit le seul

remède

remède qui pût le guérir; mais il eut bien de la peine à s'y accoûtumer. Il mangeoit en secret pour tromper les Médecins; cependant il se mit enfin à la diéte. Il finissoit toujours ses repas, lorsqu'il avoit encore appetit; il choisissoit des nourritures qui convinssent à son tempérament, & il en examinoit avec soin la quantité nécessaire. Il se préservoit du grand froid & du grand chaud. Il s'interdisoit les exercices violens, le commerce avec les femmes, les veilles. Il évitoit les lieux mal sains, le grand vent, & surtout le chagrin. Douce onces pesant de nourriture, & quatorze onces de vin, faisoient son repas. Pour avoir changé ce régime à l'âge de 78 ans de l'avis des Médecins, il eut une fievre continue de 35 jours.

Cornaro a écrit en Italien des *Conseils pour vivre longtems*, qui ont été traduits en François, & dont il y a diverses Editions. Ces Conseils renferment quatre Traités. Il écrivit le premier à l'âge de 83 ans, le second à 86. le troisième à 91. & le quatrième à 95.

Le premier est intitulé; *De la vie sobre & réglée*. L'Auteur y déclare la guerre à l'yvrognerie & à la gourmandise; & son dessein est, comme il le déclare, d'enlever à l'intempérance tout autant de victimes qu'il lui sera possible. "Quand "on est sobre, dit-il, il faut le cours d'un siè- "cle pour former des rides & des cheveux "blancs: les festins fréquens sont les fléaux de "la santé; les viandes & les fruits servis par py-

 "ramides

"ramides nous tuent; peu de chofe fuffit à la
"Nature, ce qu'on prend au delà eft un levain
"pour la maladie." Le bonheur de fa vieilleffe
étoit en effet le plus grand éloge qu'il put faire
de la vie fobre. A' 83 ans il compofa une Co-
médie; il montoit encore alors à cheval fans
avantage, & jouïffoit de tous les plaifirs innocens de la Ville & de la campagne.

Le fecond Traité a pour titre; *De la maniere de corriger un mauvais tempérament.* L'Auteur y traite à peu près la même matiere que
dans le précédent: feulement il y fait entrer
l'obligation de fe dépouïller de toutes les paffions violentes. Il parloit encore d'après fa
propre expérience: il étoit né fort bilieux &
colere; mais la vie fobre avoit corrigé fon tempérament. Il s'étoit débaraffé de toutes les
mauvaifes humeurs qui pouvoient lui caufer de
violens fymptômes. "Dès que nous fommes
"venus à 40 ans, dit-il, l'Expérience doit nous
"régler fur la qualité & la quantité de notre
"nourriture. C'eft le moyen de vivre longtems,
"& de parvenir à cet âge, où l'on eft affranchi
"des paffions qui dominent pendant la jeuneffe."
Il ajoute que, dans fes premieres années, lorfqu'il n'avoit rien réfufé à fes fens, il n'avoit pas
eu des plaifirs fi purs que ceux qu'il avoit goû-
tés depuis. Le pain lui paroiffoit admirable;
& après fes repas il n'étoit jamais, ni affoupi,
ni incapable d'application. Il étoit perfuadé
que fans cette diéte continuelle, il n'eut jamais
vû,

vû, comme il faisoit onze de ses petits fils, tous sages & bienfaits, & qu'il n'eut pas joüi aussi longtems des embellissemens qu'il avoit faits à ses Maisons & à ses Jardins.

Le troisième Traité a pour titre: *Moyens pour joüir d'une santé parfaite dans un âge avancé.* C'est une Lettre à un de ses amis. "Ce que je "vais vous écrire, lui dit-il, n'est pas nouveau, "mais je ne vous l'ai pas encore mandé. A' 91 "ans mes forces augmentent. J'écris 7 ou 8 "heures par jour de ma main: le reste de la "journée je me promène de mon pied, je tiens ma "partie en Musique. Les Médecins me deman-"dent ce que je fais. Je vis sobrement. Ils "avoüent que j'ai raison, mais ils ajoutent qu'on "ne m'imitera pas: en quoi ils se trompent, car "déjà plusieurs imitent ma frugalité."

Enfin le quatrième Traité est, *De la nais-sance de l'homme & de sa mort.* "A' 95 ans, dit "notre Auteur, je me trouve sain & gaillard "comme à 25. pendant que d'autres qui ne sont "que sexagénaires, n'en peuvent plus. Ils cro-"yent que les vieillards doivent manger beau-"coup pour se soutenir: ils se trompent. La "nourriture doit être proportionnée aux forces "de l'estomac. Je suis gay; j'ai du goût pour "tout ce que je mange. J'ai l'imagination vive, "la mémoire heureuse, le jugement solide; & "ce qui est de plus surprenant à mon âge, la "voix forte & harmonieuse. La pensée de la "mort ne m'inquiete point."

Il raconte après cela les services qu'il a rendus à son païs; & il exhorte fort agréablement les Religieux à diminuer leurs portions. Il dit que si leur vie & leur pénitence duroient plus longtems, peut-être qu'à cent vint ans ils obtiendroient, comme les Solitaires d'autrefois, le don des miracles; qu'il ne faut pas croire que l'on doit manger tout ce qui est servi au Réfectoire; que dès l'âge de trente ans il faut diminuer sa nourriture; que nos infirmités ne viennent point de Dieu, mais de nos excès.

Les quatre Traités de *Cornaro* sont suivis d'une Lettre écrite par une Religieuse de *Padoüe*, sa petite niece. Elle y rapporte quelques particularités de la vie de son grand Oncle, auxquelles elle joint le récit de sa mort. *Louïs Cornaro* vêcut au delà de cent ans, avec une liberté d'esprit entiere, & un jugement parfait. A' la fin de sa vie il ne prenoit plus qu'un jaune d'œuf par jour, encore étoit-ce à deux fois. Lorsqu'il sentit sa fin approcher, il fit les actes de dévotion qui convenoient à son état, & attendit tranquillement le mort dans un fauteuil. Il ne ressentit aucune douleur; un petit évanoüissement lui tint lieu d'agonie, & il mourut le 26 Avril 1566. à *Padoüe*.

Cet exemple est si rare, & en même tems si instructif, qu'il nous a paru suffisamment autoriser la digression dans laquelle il vient de nous jetter. Que ceux qui se plaignent de leur mauvaise santé, comparent à présent l'histoire de
leur

leur vie avec celle qui a été mise sous leurs yeux. Ils verront presque tous qu'ils ont commencé comme *Cornaro*, mais qu'ils n'ont pas eu le courage de remédier, comme lui, aux dégâts que la jeunesse avoit causés dans leur constitution, par une réformation promte, totale, & constamment soutenue. Cette idée effraye; on se croit hors d'état d'exécuter une pareille entreprise, & cependant, à quelques jours peut-être près qui coûtent d'abord un peu, c'est de toutes celles qu'on peut former la plus aisée, celle qui porte le plutôt avec soi une récompense des plus encourageantes.

Mais, au lieu de prendre ce parti, (& c'est encore un objet auquel il faut accorder notre attention, avant que de passer au troisième Chef de ce Discours,) au lieu de chercher dans la Nature même des ressources qu'elle tient toujours prêtes, on a recours à un Art, salutaire à la vérité, quand on l'employe à propos, mais qui ne manque guères, dans les cas dont je veux parler, d'aggraver nos maux, & de détruire ce qui nous reste des forces. Il s'agit de la Médecine. Elle est sans contredit nécessaire à la Société; & ceux qui l'exercent en joignant aux lumieres l'intégrité, méritent un rang distingué parmi les Citoyens utiles. Mais cela ne m'empêche pas d'être persuadé que les Médecins non seulement laissent mourir, mais tuent formellement, beaucoup plus de malades qu'ils n'en guérissent. C'est à la vérité moins leur faute

que

que celle des malades même. Ceux-ci veulent
à toute force qu'on leur donne des remèdes ;
ils ne font même contens qu'à proportion du
nombre & de la variété des recettes qu'ils ob-
tiennent. Or on a fort bien dit, qu'*il n'y a point
de remède qui ne prenne sur celui qui le prend.*
Lors même que leur usage est indispensable, ils
causent toujours des fermentations, un travail,
qui use plus ou moins les parties qui l'éprou-
vent. Mais rien n'est plus mal avisé que de far-
cir de médicamens un corps qui ne demande,
pour ainsi dire, qu'à aller tout seul, ou qui, s'il
a de petites incommodités, s'en délivreroit de
lui-même, à la faveur de quelques attentions,
de certains moyens tout à fait simples, & que
chacun peut découvrir en étudiant son tempérament. Comment un estomac continuellement
sollicité par l'action de diverses drogues, comment des visceres qu'on ne cesse de balayer & de
racler, conserveroient-ils leur force & leur mé-
chanisme réglé? Un Médecin habituel ressem-
ble assez à un Directeur de conscience. Le
corps n'a pas plus besoin du premier, que l'ame
du second. J'ai vû beaucoup plus de cures fu-
nestes, que de cures salutaires. J'entens par
cures, non le traitement ordinaire de ces maladies violentes où l'on est hors d'état de se conduire soi-même, c'est le cas où les Médecins
font nécessaires, heureux seulement ceux qui en
rencontrent de bons! mais j'appelle ici cures, ces
remèdes de precaution, surtout ceux qu'on réi-
tere

tere annuellement, fous ombre de prévenir certaines indifpofitions, & qui en caufent prefque toujours de beaucoup plus fâcheufes. Les eaux minérales, furtout celles qu'on fait venir pour les prendre chez foi, me paroiffent être vifiblement dans le cas. Quand on fe rend fur les lieux, le voyage, l'exercice, les amufemens du féjour, font la meilleure partie de la cure. Mais, lorfque, renfermé dans un Cabinet, ou fe bornant tout au plus à faire quelque tours de Jardin, on avale impitoyablement douze ou quinze grands verres d'une eau qui gonfle l'eftomac, & étourdit par fes fumées le cerveau de ceux qui la prennent, je crois qu'on fe fait pour l'ordinaire beaucoup plus de mal que de bien, & furtout qu'on s'expofe à de grandes cataftrophes que le moindre écart de régime, l'inattention la plus legère & la plus involontaire, peuvent caufer dans de femblables circonftances. D'ailleurs toute habitude eft à charge, & ne manque jamais d'avoir des inconvéniens. Quand on ne peut fe paffer d'une faignée, ou d'un purgatif dans certains tems réglés, & des eaux dans leur faifon, le gêne & le rifque tiennent en échec d'une maniere bien defagréable.

Mais le comble de l'extravagance dans l'ufage des remèdes, c'eft de vouloir les faire fervir non feulement à raccommoder ce que des excès précédens ont dérangé, mais encore à mettre en état d'en commettre de nouveaux. Il y a cependant des gens qui ont cette manie incroyable.

croyable. Ils vont tout de suite d'indigeftions en évacuations, & d'évacuations en indigeftions. Livrés â une vie animale, ils ne peuvent y renoncer, & leur corps ne voulant pas toujours fervir leurs appétits, ils ont ce moyen de l'y forcer; moyen qui ne peut guères durer, puisque c'eft là véritablement brûler la chandelle par les deux bouts. Auffi n'y a-t-il point de gens plutôt expédiés que ces conciliateurs de Comus & de Bacchus avec Efculape. Car d'ailleurs, il faut l'avouër, il y a des corps d'une fi forte trempe, qu'ils foutiennent feptante ou quatre vint ans d'excès, furtout dans le boire; les gros mangeurs ne réfiftent pas fi longtems. On voit, (au moins en ai-je connu,) de vieux militaires plus qu'octogenaires, s'enyvrer régulièrement à chaque dîner, fans qu'il leur en coûte autre chofe que de cuver leur boiffon. Ces exemples font illufion à bien des gens, qui en prennent occafion de méprifer le régime. Mais nous les prions de reflêchir; premièrement que de cent perfonnes qui feront des excès, il n'y en aura peut-être que cinq ou fix qui vieilliront, au lieu que de cent autres qui prendront le contrepied, il en réchapera cinquante ou foixante, en fuppofant des conftitutions d'une égale force; fecondement, que ces vieux yvrognes qui ont atteint 80 ans & au delà, feroient parvenus à 90 ou 100, s'ils avoient mieux ménagé l'excellente pâte dont la Nature les avoient faits; enfin & furtout, que ce n'eft pas la vieilleffe feule

que

que nous devons ambitionner par un lâche amour de la vie, & aux risques de la passer dans un abrutissement stupide; mais qu'il s'agit de vieillir comme *Cornaro*, avec l'usage de tous ses sens, & l'entiere vigueur de son esprit. Ce n'est pas vivre que de végéter, & d'en être réduit à la digestion. M. *de Fontenelle* disoit agréablement qu'il n'étoit plus qu'un estomac vers la fin de sa vie; mais tous ses propos jusqu'au dernier moment ont prouvé qu'il étoit aussi un cerveau, & un cerveau très bien conservé. Si la vieillesse avoit bouché les portes de la vuë & de l'ouie, l'intérieur n'étoit point endommagé.

Telles sont les observations que j'avois à proposer sur ce que j'ai appellé l'histoire de la vie; elles me paroissent convainquantes pour tous ceux qui, après en avoir fait l'application à leur propre vie, trouveront qu'en effet il n'a tenu qu'à eux de faire un meilleur usage des présens de la Nature. Mais j'entens s'élever de nouvelles plaintes, de nouveaux gémissemens, dont l'amertume est plus grande encore. Que ceux qui ont voulu souffrir, dit-on, souffrent! à la bonne heure, ils le méritent: mais pourquoi tant de victimes innocentes, qui sont encore plus cruellement traitées? Pourquoi tant d'enfans apportent-ils au monde des maladies héréditaires, qui font de toute leur vie un vrai supplice? Pourquoi les personnes les plus sages, & dont la vie est la mieux réglée, tombent-

elles

elles quelquefois dans un état déplorable de langueur, ou de souffrance? Pourquoi enfin y a-t-il autour de nous tant de choses propres à nous nuire, tant de causes d'accidens également imprévus & fâcheux, qui peuvent détruire en un instant la santé la plus brillante, & y faire succéder une cacochymie incurable? Ouvrons une nouvelle source de réponse à ces difficultés, & cherchons la dans le plan du Monde.

III. Ici de nouveau j'éviterai les discussions qui pourroient paroître trop abstraites. Je ne rechercherai point si nous vivons dans le *meilleur Monde*, quoique j'en sois intimément persuadé; & je ne balancerai point les raisons dont on se sert pour établir & pour combattre cette doctrine. Le rustre *Gareau* tiendra la place de *Leibnitz* & de *Wolf*, parcequ'il suffit pour la remplir. Ce bon homme trouvoit une citrouïlle fort déplacée à terre; il auroit voulu la voir pendue à un chêne: mais, lorsqu'un gland tombé de ce chêne lui eut meurtri le nés, il fut fort aisé qu'on n'eut pas mis à la place une citrouïlle qui lui auroit cassé la tête. Voilà le cas des hommes dans tous leurs griefs, quelque spécieux qu'ils puissent être. Ci-dessus iis vouloient un autre corps; nous leur avons fait voir qu'ils y seroient attrapés: à présent, ils veulent un autre Monde, & ils y trouveroient tout aussi mal leur compte, témoin encore cet autre Apologue du Fermier
qui

qui avoit les saisons à sa disposition, qui faisoit luire le Soleil ou tomber la pluye à son
gré, sans que sa terre en fut d'un meilleur rapport. Mais entrons dans quelques détails propres à dissiper tous les nuages, dont cette matiere semble être envelopée.

Le Monde, (& ici il faut sortir un peu de
la sphère étroite de nos idées ordinaires, fran-
chir cet espace où le Conquérant Macedonien
se trouvoit trop à l'étroit, & considérer, autant que nous en sommes capables, l'immensité
des ouvrages du Créateur,) le Monde, dis-je,
n'est un Monde que par la liaison intime des
parties dont il est composé; & cette liaison
n'existe que par l'exacte proportion qui se
trouve, soit dans les quantités, soit dans les
qualités des choses créées. Il ne pourroit y
avoir un Monde sans lumiere, sans eau, sans
air, sans feu; & à en juger par notre propre
expérience, s'il y avoit plus ou moins de ces
différentes choses dans la région que nous ha-
bitons, cela nous mettroit dans l'impossibilité
d'y subsister. Ce qui entretient donc & conserve le Monde, c'est que ces différens principes s'entremêlent sans cesse les uns aux autres,
& toujours de la maniere la plus convenable
aux effets généraux, dans la production des-
quels nous ne voyons point de changemens sensibles depuis l'origine des choses.

Or, pour arriver à ces effets, ou résultats
généraux, il faut certaines révolutions inter-

mé-

médiaires, dont les effets particuliers peuvent être dans le cas de ce que nous nommons accidens, cataſtrophes, calamités particulieres ou publiques. Les exemples ſe préſentent ici en foule. Ce ſont les eaux répanduës au milieu des terres, qui les embelliſſent & les fertiliſent: un païs n'eſt agréable, il n'eſt même habitable, qu'autant que les ſources, les rivieres, les fleuves, le traverſent, le coupent en mille manieres, & contribuent également à faire croître les fruits de la terre, & à en faciliter le tranſport, auſſi bien que tous les autres genres de commerce. Ces eaux bienfaiſantes ont auſſi été placées & diſtribuées de la maniere la plus convenable dans toutes les contrées que lé Providence a deſtinées à faire le ſéjour des hommes; & je ne crois pas qu'il y ait à cet égard aucune objeƈtion plauſible à faire. Mais le cours varié de ces mêmes eaux pendant la durée de pluſieurs ſiecles, les obſtacles naturels ou artificiels qu'elles peuvent rencontrer dans leur chemin, les nouvelles routes qu'elles ſe creuſent, & par où elles vont ſe rendre les unes dans les autres, peuvent les raſſembler, les emmonceler, de façon qu'elles inondent avec violence les lieux expoſés à leur furie, & cauſent des dégâts inexprimables. Ceux qui ſe trouvent la viƈtime de ces dégâts ſont à plaindre; mais auroient-ils bonne grace de dire: Pourquoi y a-t-il de l'eau dans le Monde? Ou même: Pourquoi n'y a-t-il pas un meilleur or-

dre

dre dans le cours de cet élément? Il en eſt de même de celui du feu. C'eſt une eſpece de principe vital; ſans lui toute la Nature ſeroit engourdie, ou plutôt morte. Nous ne ceſſons d'employer le feu aux uſages les plus eſſentiels, & d'en tirer toutes les commodités de la vie. Mais mille accidens peuvent changer cette utile matiere en un fléau deſtructeur, qui fait diſparoitre en un clin d'oeil les Villes les plus vaſtes & les plus ſuperbes. Qu'en concluronsnous? Rien, ſinon que notre prudence doit veiller avec tout le ſoin poſſible à prévenir ces accidens, & qu'en attendant nous n'avons qu'à jouïr avec reconnoiſſance, de tout ce que l'eau, le feu, & les autres parties conſtituantes de eet Univers, nous fourniſſent de convenable à nos beſoins.

Il eſt aiſé d'appliquer ces conſidérations générales aux cas plus particuliers qui concernent la ſanté. Nous avons vû comment notre corps étoit fait, & qu'il ne pouvoit l'être autrement. Ce corps placé au milieu de tant de choſes actives, & qui ſont même continuellement en action, doit néceſſairement ſe reſſentir des impreſſions qu'elles renouvellent à chaque inſtant ſur lui. Il y en a de ſalutaires, & ſans leſquelles il ne pourroit ſubſiſter. L'air que nous reſpirons contribue tellement à notre vie que, s'il eſt intercepté par la cauſe la plus momentanée, nous périſſons. Mais cet air par ſes variations continuelles devient la

C 3

ſource

source d'incommodités fâcheuses. Les extré-
mités opposées auxquelles les saisons nous font
passer, sont selon les apparences une des causes qui altérent le plus notre santé, & abré-
gent notre vie. Mais quel remède y pour-
roit-on trouver? Prenez un Soleil & une Terre: arrangez-les à votre gré, & voyez quel arrangement pourroit être préférable à celui dont
vous vous plaignez.

Conduisez l'homme depuis le berceau jusqu'au sépulchre, à travers tous les objets de ce
monde; examinez tous les dangers qui naissent
des diverses situations de notre vie, & je défie
qu'on puisse en indiquer aucun qui ne procéde
d'une cause dont l'absence seroit un beaucoup
plus grand mal. Les alimens sont dans le cas
de l'air. Ils nous conservent & nous détrui-
sent en même tems. Il est tout naturel qu'ils
n'ayent pas quelquefois les qualités qui con-
viendroient à l'état actuel de notre corps; de
sorte, qu'au lieu d'une bonne digestion, qui les
fasse servir à la nutrition à laquelle ils sont destinés, ils nous jettent dans des accidens fâcheux,
ils nous causent des maux violens, & même
mortels. A' quoi peut-on s'en prendre? Et
quel expédient imaginera-t-on pour obvier à
ces inconveniens? Il n'y a certainement aucun
de ces expédiens qui eut la moindre ombre de
raison. Mais, si l'on pense combien dans le
nombre des accidens dont il s'agit, il y en a,
que les hommes ne doivent imputer qu'à eux-
mê-

mêmes, à leur imprudence, & furtout à leurs vices, la Nature & la Providence feront déchargées de prefque toutes les accufations, dont on ne ceffe de les accabler. Allez chercher la fanté & le contentement: vous les trouverez avec l'innocence & la vertu, avec le travail & la fobriété, dans d'heureufes campagnes, où la terre cultivée par des hommes auxquels la molleffe, le luxe, & les vices des grandes Villes font inconnus, rend avec ufure ce qu'elle reçoit, nourrit abondamment & tranquillement ceux qui lui confacrent leurs foins: & après les avoir porté longtems, leur ouvre enfin fon fein, lorfque fortant de la vie comme d'un feftin, raffaffiés & remerciant leur hôte, ils s'endorment avec leurs pères.

Il y a un morceau là deffus, dans la Pièce de *Claudien*, intitulée *de fene Veronenfi*, qui me paroit d'une trop grande beauté pour ne pas le placer ici.

> *Felix qui propriis ævum tranfigit in arvis;*
> *Ipfa domus puerum, quem videt ipfa fenem.*
> *Qui baculo nitens, in qua reptavit arena,*
> *Unius numerat fecula longa cafa.*
> *Illum non vario traxit fortuna tumultu,*
> *Nec bibit ignotas mobilis hofpes aquas.*
> *Non freta mercator timuit, non claffica miles,*
> *Non rauci lites pertulit ille fori.*
> *Indocilis rerum, vicinæ nefcius urbis,*
> *Afpectu fruitur liberiore poli.*

C 4

Fru-

Frugibus alternis, non Consule, computat annum,
Autumnum pomis, ver sibi flore notat.
Idem condit ager soles, idemque reducit,
Metiturque suo rusticus orbe diem.
Ingentem meminit parvo qui gramine quercum,
Æquævumque videt consenuisse nemus.

L'homme en persévérant dans son innocence primitive auroit joui d'un bonheur inaltérable. C'est une supposition avouée par la
Raison, & autorisée par la Révélation. L'homme devenu pécheur ne sçauroit recouvrer, ni
la parfaite intégrité, ni le parfait bonheur; mais
il se rapproche de celui-ci, à proportion qu'il
tend à celle-la. Il allège considérablement la
peine qui lui a été imposée, de manger son pain
à la sueur de son visage, & d'être en bute à toutes les disgraces de la vie humaine; il la réduit, j'ose le dire, presque à rien, lorsqu'il fait
régner dans son cœur les vertus qui peuvent
seules, au bout de ce tems d'épreuve, lui r'ouvrir l'entrée du céleste séjour.

Mais malheureusement, & voici l'une des
plus grandes causes des calamités humaines, les
hommes sont presque tous méchans, & la plûpart très méchans; de sorte qu'au lieu de s'a-
doucir réciproquement les amertumes de la vie,
il les aggravent au contraire au delà de toute
expression. Les Sociétés particulieres font le
théatre de ces discordes, de ces inimitiés, de
ces animosités, qui mettent les familles aux pri-
ses, & semblent les liguer les unes contre les
autres,

autres, pour empoisonner tous les agrémens qu'on pourroit goûter ici bas? Mais des objets plus siniſtres fixent nos regards. Ce ſont les affreuſes calamités qu'entraînent après elles ces Guerres fatales, ſi funeſtes au genre humain, & ſi deshonorantes pour la Raiſon humaine. Non, je ne conçois pas, comment, après tous les progrès que cette Raiſon a faits, au milieu des lumieres que les Sciences ont répanduës ſur la Terre, (car je mets ici tous les motifs de la Religion à part,) je ne conçois pas comment les habitans de ce Globe n'ont d'autre occupation, & pour ainſi dire, d'autre paſſetems, que de s'égorger les uns les autres, de dévaſter leurs demeures, de détruire ces biens que la Terre produit ſi libéralement pour leur nourriture, de répandre les horreurs de l'indigence, & tous les genres de déſolation, là où l'on pourroit voir fleurir les Arts, le Commerce, régner l'abondance & la paix? Il faut pourtant qu'il y ait dans l'eſſence de la Société humaine quelque choſe de répugnant à une Paix univerſelle & inaltérable, puisqu'on ne l'a jamais vuë ſur la Terre, & qu'il eſt comme démontré qu'on ne l'y verra jamais. Cette répugnance ne vient à la vérité que des paſſions vicieuſes, qui tyranniſent les hommes: mais ces paſſions ſont dans le cas de la peau du More, & des taches du Leopard.

Les maux phyſiques viennent presque tous du mal moral? Demandera-t-on pourquoi celui-ci exiſte? Je n'ai pas deſſein de m'engager

dans

dans l'examen de cette Question. La *Théodicée* de M. *de Leibnitz* pourra lever les doutes de ceux qui font en état de la lire. Il en est de l'ame comme du corps: elle ne peut être que ce qu'elle est. Etant une ame humaine, & non une Intelligence d'un ordre supérieur, elle n'a qu'un certain degré de force pour connoître la Vérité, & pour chercher le Bien. Il est donc possible, qu'en faisant usage de cette force bornée, & même renfermée dans de très étroites limites, elle tombe dans ces méprises de théorie & de pratique, qu'on nomme des Erreurs & des Vices. Dès qu'elle a une fois commencé d'y tomber, c'est une pente dangereuse, où elle glisse de plus en plus: un abyme appelle un autre abyme. Toute supposition qui feroit disparoître ces défauts, & les maux qui en résultent, feroit celle, non d'une autre Ame perfectionnée, mais d'un Etre différent, substitué à celui que nous appellons notre Ame. Il ne reste donc qu'à sçavoir, si Dieu, dans l'immensité de ses Créatures, a pû produire des Ames humaines; ce que je ne crois pas qu'on puisse contester. Car, pour le faire avec quelque fondement, il faudroit prouver qu'à tout prendre il auroit mieux valu ne point créer l'homme que de le créer, que l'existence est un bienfait onéreux pour lui, & qu'il feroit de son intérêt d'y renoncer. Or tout homme de bon sens, qui réfléchira sur ce qu'il est, & sur ce qu'il peut être, en profitant des se-

cours

cours que la bonté Divine a, pour ainsi dire, placés à côté des maux, ne formera jamais des plaintes aussi injustes, & sera plutôt disposé à dire avec le Psalmiste : *Que mon ame vive, Seigneur, afin qu'elle te loüe.*

Tels étant, l'état des choses, la constitution des deux parties de notre humanité, & le cours réglé des événemens, il est aisé de réduire au silence tous ceux qui poussent la plainte jusqu'au murmure, de quelque ordre que soyent leurs maux. Les maladies héréditaires, par exemple, dont nous avons fait mention ci-dessus, sont d'un ordre très fâcheux. Etre condamné à souffrir avant que de naître, ne voir son corps croître, & ses organes se déveloper, que pour y éprouver des tourmens toujours renaissans, c'est une situation à laquelle doivent compâtir tous ceux qui en sont les témoins. Mais qu'auroit dû faire le sage & suprême Dispensateur des événemens, pour prévenir ces maux, avant qu'ils existassent; ou bien que devroit-il faire pour les détruire actuellement? On ne peut ici rien exiger de lui, qui ne soit combattu par nos assertions précédentes, & par conséquent déjà réfuté. Mon Père, mon Ayeul, en menant une vie déréglée, ont laissé à leurs descendans le triste héritage d'une constitution mal saine, d'un état habituel d'infirmité. Pour me mettre à l'abri de cette épreuve il auroit falu, ou que celui qui me l'a attirée, eut possédé plus de sagesse, plus de vertu,

vertu, une meilleure ame; ou que ſes deſordres & ſes débauches n'euſſent point altéré ſa conſtitution, ce qui ſuppoſe un meilleur corps; ou que la liaiſon naturelle que la génération met entre lui & moi, eut été interrompuë. Rien de tout cela n'eſt poſſible dans le plan actuel des choſes. Il ne l'eſt pas davantage, que le mal étant une fois fait & transmis, je ne m'en reſſente pas: ce ſeroit une nouvelle ſuſpenſion dans l'enchaînement des cauſes & des effets, à laquelle je n'ai aucun droit de prétendre. Cependant c'eſt une prétention tacite que les hommes mêlent plus ou moins formellement dans tous leurs deſirs & dans toutes leurs requêtes; & je crois devoir m'y arrêter encore un moment, avant que de paſſer à une nouvelle matiere.

Ouï, diſons les choſes ſans détour, nous voudrions des miracles, & la plûpart de nos demandes ne ſignifient rien, ou elles ſuppoſent que Dieu fera des miracles en notre faveur. Nous laiſſerions paſſer le plan de la Providence, & les événemens qui en réſultent, pourvû que de tems en tems il y eut des directions particulieres en notre faveur; nous acquieſcerions aux loix générales, à condition qu'il ſe fit au beſoin certaines exceptions dans les cas qui nous intéreſſent. Cette façon de penſer ſe mêle dans toutes nos dévotions publiques & particulieres; que dis-je, elle en eſt en quelque ſorte l'ame. Toutes les fois que quelque évé-
nement

nement réveille notre attention, excite nos alarmes, enflamme nos defirs, nos mains s'élevent auffitôt vers le Ciel; nous voudrions prefque qu'il s'ouvrit, & que le fecours en defcendit d'une maniere vifible. Mais, en y réfléchiffant plus attentivement, pouvons-nous bien nous perfuader que Dieu veuïlle, & puiffe vouloir, faire des changemens au plan qu'il a formé de toute éternité, pour remèdier à des cas particuliers qui font conformes à fes vuës, quoique nous ignorions les caufes de leur exiftence? L'unique raifon prife de ce que nous en fouffrons, eft-elle une raifon décifive? Dans bien des occafions nous ne pouvons être exemts de fouffrance, à moins qu'elle ne retombe fur d'autres, comme quand il s'agit du gain, ou de la perte d'une bataille; & ferions-nous toujours en état de prouver que Dieu doit faire pencher la balance en notre faveur. Ce que nous appellons jufte, feroit fouvent l'injuftice même. Et fi c'eft à titre de grace que nous le demandons, par où méritons-nous la préférence?

Mais, fans entrer dans ces difcuffions, tenons-nous en à dire que tout miracle feroit déplacé dans la chaîne des événemens du monde, & qu'il la romproit fans néceffité. Un Etre qui a tout prévû, doit avoir pourvu à tout. Dieu n'eft point dans le cas d'un Ouvrier, qui, après avoir fini fon ouvrage, le retouche & le raccommode, lorfque dans la fuite il vient à fe gâter.

gâter. Le fyftème eft réglé, de maniere qu'il va fon train fans altération; & ce que nous regardons comme altération, fait partie du fyftème. Cela ne fait aucun tort à notre liberté; elle jouït de tous fes droits au milieu de l'enchaînement univerfel: notre propre confcience fuffit pour rendre témoignage que nous faifons toujours ce que nous voulons, & parce que nous le voulons, la volonté étant néceffairement à l'abri de toute contrainte. Cela ne porte aucune atteinte non plus à la confiance que nous avons, & que nous devons avoir, en Dieu. Le fidele qui eft rempli de cette confiance, ne la fonde pas fur le crédit actuel, fi je puis m'exprimer ainfi, qu'il a auprès de la Divinité; il ne s'imagine pas qu'à fes follicitations Dieu prendra un parti qu'il n'auroit pas pris, révoquera quelques ordres qu'il avoit donné, ou en donnera d'autres auxquels il n'avoit pas penfé. C'eft trop rapprocher le Créateur de la Créature que de s'en faire de femblables idées: les Philofophes donnent à cette erreur le nom d'*Anthropomorphifme*, & y ajoutent l'épithete de *fubtil*, pour le diftinguer de l'*Anthropomorphifme groffier*, qui attribue à Dieu des yeux, des oreilles, des pieds, des mains, un corps pareil au nôtre dans le fens littéral. L'un n'eft dans le fonds pas plus raifonnable que l'autre; & le premier a fait beaucoup plus de tort à la Religion que le fecond, parceque les hommes ont un extrème penchant à juger de tout par eux.

eux-mêmes, à rapporter tout à leurs façon
de penser & d'agir. Mais, pour revenir à l'i
dée des miracles, & de miracles auffi fréquen
qu'il en faudroit pour exaucer les demande
continuelles des hommes, rien n'eft plus dérai
fonnable, même dans tous les cas où d'ailleur
les événemens que nous fouhaitons feroient di
rigés en faveur de perfonnes qui en paroiffen
dignes. Un Père, qui n'eft pas encore avan
cé dans fa carriere, va rendre l'ame; fa famill
éplorée perd en lui fon unique foutien; ah! f
Dieu vouloit le rendre à fes vœux. Mais i
faudroit donc qu'il ôtât au mal fa force, ou
qu'il donnât aux remèdes une efficace qu'il
n'ont pas naturellement; c'eft à dire, qu'il in
tervint comme agent immédiat, pour retarder
certains mouvemens, ou en accélerer d'autres
comme quand on touche à une montre, pour
le faire avancer ou retarder. Un Prince qui
défend fes Etats, & qui foutient la caufe la plu
jufte, range fes troupes en bataille, & va livrer un combat décifif: ah! fi la terreur du
Dieu des armées pouvoit marcher devant lui,
faire fondre le cœur à fes ennemis, & les mettre en déroute. Mais quoi! Dieu renforcera-
t-il d'un côté le bras des foldats, & la tête
du Chef? affoiblira-t-il de l'autre les combat-
tans par quelque opération immédiate? Ou
bien armant la Nature & les Elémens en faveur de ceux qu'il protége, foudroyera-t-il
leurs adverfaires? Si nous n'articulons pas dis-

tincte-

tinctement tous ces points dans nos prières, ils ne laissent pas d'y être tacitement compris; & cela est si vrai, que nous sommes quelquefois tout étonnés de voir les choses tourner d'une maniere contraire à notre attente, principalement lorsque nous étions fortement imbûs de la persuasion que nos demandes étoient justes, & en cette qualité devoient trouver accès auprès du Thrône de Dieu. Il en résulte une bigarrure très singuliere dans les expressions que nous employons rélativement aux bons & aux mauvais succès. Dans les premiers nous ne respirons que la confiance; Dieu agit en Juge éclairé qui fait prévaloir le bon droit, en Père tendre qui protége ses enfans. Mais, quand le jour du mal succède à celui du bien, on se trouve déconcerté, on n'oseroit dire que Dieu ait changé d'avis & de plan; mais on se jette dans quelques généralités vagues sur nos péchés, qui ne sont pas au fonds plus grands dans le tems des pertes qu'ils l'étoient dans celui des avantages. Voilà ce que c'est que de n'avoir pas des idées distinctes, des principes fixes, & surtout de faire intervenir indiscretement la Divinité dans des détails, qu'elle ne gouverne que pas des loix générales. Les actes de prière qui conviennent véritablement aux principes de la Raison, & même à ceux de la Révélation bien entendue, sont l'adoration; l'homme la doit aux souveraines perfections de Dieu; la confiance, entant qu'elle est

fondée

fondée sur ces mêmes perfections, & non sur nos vaines imaginations; la reconnoissance, qui ne peut jamais cesser, parce qu'il n'y a point de situation, si nous savons nous en former de justes idées, dans laquelle les biens que Dieu nous dispense, ne soyent toujours fort supérieurs aux maux par lesquels il nous éprouve; enfin, & surtout, la résignation, que je regarde comme l'essence de la prière, où tout revient au fonds à ce vœu: *Seigneur, ne me donne point ce que je veux, mais fais-moi vouloir ce que tu me donnes.*

IV. Il est tems de passer à une quatrième source de consolations à l'usage de ceux qui souffrent. C'est la doctrine de la compensation qui me la fournit; & afin de la mettre dans tout son jour, je vais donner d'abord une idée exactement déterminée de ce que j'entens par compensation.

Il y a des biens & des maux dans le Monde: personne ne sauroit en disconvenir. Les peser à une balance exacte, en assigner les sommes & les proportions; c'est ce qui n'appartient qu'à celui qui *a posé la Terre sur ses fondemens, qui pese les montagnes au crochet & les côteaux à la balance.* Mais, en promenant les regards sur la surface de notre Globe, en examinant ce qu'on y appelle bonheur & malheur, & surtout en comparant les moyens que les hommes auroient, s'ils vouloient en profiter, d'augmenter le premier, & de diminuer

D

nuer

nuer le fecond, on peut aifément fe convain-
cre que la Nature n'eft point une marâtre, &
que, fi Dieu n'a pas voulu faire un Paradis
de cette Terre, il a encore moins voulu en faire
un Enfer. Tout revient prefque ici à ce mot du
Prince des Poëtes Latins: *Heureux les hommes
s'ils connoiffoient leurs avantages!* (*) Mais, au
lieu d'y faire attention, ils en détournent continuellement la vuë, pour la fixer fur d'autres
qu'ils fuppofent dans des conditions où on ne
les trouve pas, & que cette fuppofition les engage à envier. Un autre Poëte a fort bien
montré l'inconféquence & les contradictions
où les mortels tombent à cet égard, dans une
Satire contre ceux qui ne font jamais contens
de leur fort. (**) Un efprit bien fait, un bon
cœur, ne voyent que douceurs & agrémens,
là où l'humeur noire & la malignité n'apperçoivent qu'angoiffes & amertumes. Les
premiers font plus croyables que les feconds;
car, fi les maux dont ceux-ci fe plaignent,
étoient tels qu'ils les dépeignent, il faudroit
que tout le monde en reffentit inévitablement
les effets. J'en conclus donc d'abord d'une
façon générale, qu'il y a pour le moins autant
de biens que de maux, puisqu'il y a des hommes,

(*) *O fortunatos nimium, fi fua bona norint!*
  Virg. Georg. L. II. v. 458.
(**) Horat. Sat. Lib. I. Sat. I.
  Qui fit, Mecænas, ut nemo quam fibi fortem,
  Seu Ratio dederit, feu fors objecerit, illa
  Contentus vivat.

mes, & ce qu'il eſt eſſentiel de remarquer, des hommes qui ne jouiſſent d'aucunes prérogatives particulieres, qui au contraire ſemblent quelquefois placés dans les conditions les moins favorables, dans les ſituations les plus incommodes, & qui ne laiſſent pas d'y entonner un hymne d'action de graces à la bonne Providence.

Le ſecond point de vuë ſous lequel il faut conſidérer ce que nous appellons ici compenſation, c'eſt le parallèle des divers états de la vie, des rangs où les hommes ſe trouvent placés dans la Société. Un préjugé, ſouvent combatru, mais toujours victorieux, attache la félicité aux grandeurs, aux dignités, aux richeſſes, à l'éclat & à la gloire. Aſſurément toutes ces choſes ſont des biens, & en cette qualité peuvent contribuer à rendre plus heureux ceux qui les poſſédent. Mais ce ne ſont pas des biens purs, exemts de tout mélange de maux; il y a plus, ils ſemblent preſque naturellement traîner à leur ſuite des incommodités que ne connoiſſent point ceux qui ſont privés de ces biens. Je ne pourrois dire ici que des choſes trop communes & trop connuës pour qu'il ſoit beſoin d'y inſiſter. Le pauvre qui a paſſé ſa journée aux ouvrages les plus rudes, a été ſouvent plus à ſon aiſe que le riche pour lequel il travailloit. Il a mangé avec appétit les alimens groſſiers dont il ſe nourrit, il n'a eu l'eſprit agité d'aucune inquiètude, il a dormi

d'un

d'un sommeil profond & paisible; tandis que le degoût, l'insomnie, des soucis dévorans, ont tourmenté ce prétendu favori de la fortune. (*) On se divertit tout aussi bien, & pour l'ordinaire mieux, dans les plus bas étages de la Société que dans les plus élevés; l'ambition, l'avarice, l'envie, y sont presque inconnuës; la privation de certaines commodités, les rigueurs de la dépendance, s'y font à peine sentir, à cause du pli de l'habitude. On a mis en question, qui seroit le plus heureux, du Sultan plongé toute la journée dans les délices du Serrail, & tourmenté toute la nuit par des rêves affreux; ou du plus vil de ses esclaves, qui, après avoir travaillé comme un forçat pendant le jour, passeroit la nuit dans des songes délicieux? Les biens & les maux ici-bas ne font presque que des rêves qui font partie du songe de cette vie.

Enfin il y a une troisième & principale espece de compensation à laquelle ce titre convient plus formellement encore qu'aux précédentes, qui ne suppose aucun calcul impossible ou suspect, & qui se fait sentir immédiatement à tous ceux qui ont l'esprit assez libre pour y faire attention. Elle consiste en ce

qu'il

(*) *Non possidentem multa vocaveris*
Recte beatum; rectius occupat
Nomen beati, qui Deorum
Muneribus sapenter uti,
Duramque callet pauperiem pati.
Horat. Carm. Lib. IV. Od. 9.

qu'il n'y a presque point de mal, qui, souffert dans des dispositions convenables, ne soit le principe de quelque bien. Indépendamment du rapport que les afflictions ont à notre salut, dont elle sont le moyen le plus efficace, la route plus sure; il suffit dans le plus grand nombre des cas où nous sommes appellés à souffrir, d'être raisonnable & judicieux, pour dire avec le Pfalmiste: *Il m'est bon d'avoir été affligé.* Ce saint homme en allégue une raison frappante, & que l'expérience justifie tous les jours. *Auparavant*, dit-il, *j'allois à travers champs.* C'est là en effet le caractère marqué d'une prospérité soutenuë, la suite immanquable des succès constans. Il n'y presque personne qui sache soutenir la prospérité; au lieu que l'adversité dresse elle-même ses éleves, & les forme bientôt aux épreuves les plus rudes. L'orgueil & l'enflure, la témérité & l'audace, la dissipation & le goût des vanités, l'oubli de soi-même & de tous ses devoirs, un oubli surtout qui met le comble à nos égaremens, celui du Créateur, changent l'homme abandonné à lui-même au sein des délices mondaines, tantôt en un animal grossier qui s'y veautre, tantôt en un Démon, un vrai forcené, qui sacrifie tout à l'assouvissement de ses passions furieuses. Il faut quelque coup, & même des plus rudes, pour abatre ces fumées, réprimer cette fougue, & faire souvenir d'insolens Mortels, qu'ils ont un Maître dans les Cieux, qui

les

les juge, qui les punit actuellement, & qui leur reſerve des châtimens bien plus redoutables, s'ils ne les préviennent par leur repentance.

Mais bornons-nous dans ce moment au ſujet principal de ce petit Ouvrage, en conſidérant les avantages qui reviennent d'une ſanté affoiblie, & d'un état valétudinaire. C'eſt peut-être un des plus grands biens dont on puiſſe jouïr, malgré toutes les amertumes qui paroiſſent y être atachées, malgré toutes les répugnances de la chair & du ſang. Il y a, je l'avouë, un point de vuë ſous lequel la ſanté ſe préſente, comme le premier de tous les biens temporels, celui ſans lequel on ne peut jouïr de tous les autres. Rien de plus ſéduiſant que l'idée de paſſer une ſoixantaine d'années dans une parfaite vigueur, & de ne reſſentir enſuite que de legères incommodités inſéparables d'un âge avancé. Ceux qui jouïſſent d'un ſemblable avantage, s'en félicitent, & ont droit de s'en féliciter, lorſqu'ils ont bien employé ce tems & ces forces, dont une meſure ſi abondante leur a été accordée. Mais on m'avoüera qu'il y a très peu de ces perſonnes bien nées à l'un & à l'autre égard, c'eſt à dire, qui joignent à un tempérament inaltérable les principes néceſſaires pour n'en point abuſer, & pour être d'autant plus utiles à la Société qu'elles en ſont mieux en état. Suivant le train ordinaire, on méconnoit le prix & la deſtination de la ſanté, en n'étant, ni plus actif & laborieux, ni meilleur

meilleur ménager de ce tréfor, que fi ce bien-fait fignalé ne nous engageoit à rien, & que nous ne fuffions pas refponfables de l'emploi des talens que Dieu nous confie pour les faire valoir. Ainfi, au bout d'une femblable carrière, quel jugement peut-on porter de celui qui l'a fournie? Quels font les fruits que lui-même, & la Société dont il étoit membre, en ont recueillis? Tout fe réduit fouvent à dire qu'un tel vivoit, & qu'il eft mort.

Je maintiens donc qu'il eft infiniment plus avantageux d'être ramené, & comme forcé à la réflexion, par quelque dérangement dans cette fanté, dont les uns abufent, & les autres ne font aucun ufage. Au moins ai-je ici pour garant ma propre expérience, & une expérience qui ne fauroit être plus frappante. Je fuis entierement convaincu, que fi je n'avois été arrêté de bonne heure, & avec autant de force que je l'ai été, dans ces années de la vie où le feu d'une jeuneffe bouillante eft à fon plus haut période, ma vie auroit pris un tour tout différent de celui qui en a réglé le cours & l'emploi d'une maniere infiniment fupérieure aux efpérances que j'aurois pu fonder fur la fanté la plus vigoureufe. Sans donner dans ces excès pour lesquels je n'ai jamais eu de penchant, en me livrant même à des devoirs que j'avois embraffé par un goût des plus déterminés, je n'aurois pourtant fait autre chofe, au moins tant qu'une extrême vi-

vacité

vacité que je tenois du tempérament auroit duré, que voltiger sur la surface des objets sans en approfondir aucun; & j'aurois couru avec cela les risques d'être plus ou moins en proye à diverses passions qui résident en quelque sorte, dans le sang, & qu'une imagination véhémente rend bientôt dangereuses. Un vrai coup de massuë est venu prévenir tous ces dangers: & qu'il a été salutaire! Si dans les commencemens, qui étoient en effet terrassans, j'ai souvent déploré la perte de ce qu'on appelle la fleur de l'âge, j'ai bien changé depuis, & de sentiment, & de langage; j'ai bien senti que cette fleur en apparence perduë avoit été infiniment mieux employée, qu'elle ne l'auroit été en demeurant à ma disposition. D'abord j'ai acquis des dispositions à réfléchir sérieusement, à rentrer fréquemment en moi-même, à me faire de justes idées du Monde, & de la vanité des objets qu'il renferme, sans avoir besoin qu'une longue expérience, toujours accompagnée de mille desagrémens, m'instruisît & me rendît sage à mes propres dépens. Ensuite, conservant dans un corps foible un esprit actif, j'ai tourné mes vuës vers des connoissances, & des études, auxquelles je n'aurois probablement jamais pensé; & malgré la médiocrité des succès auxquels mon application m'a conduit, je les ai vûs couronnés d'une maniere qui a rendu, & rend encore ma vie aussi gracieuse, que peut l'être celle d'un Homme de Lettres, dont

l'aml'ambition eft renfermée dans de juftes bornes. Il eft à peu près inconteftable que fi je n'avois pas été malade, & dans un état habituel d'infirmité, je n'aurois pas paffé dans men Cabinet à l'étude les heures qu'une retraite d'abord involontaire m'y a fait paffer; bientôt l'habitude s'eft formée, elle a produit, comme elle le fait toûjours, & la facilité, & le goût, ou le plaifir: de forte que je rejetterois à préfent bien loin l'offre d'une parfaite fanté, fi l'on y attachoit le facrifice de mes occupations ordinaires. Il a réfulté de là une chofe dont font également furpris, & ceux qui me connoiffent, & ceux qui ne me connoiffent pas; c'eft la multitude & la variété des occupations aux-quelles je me fuis trouvé en état de fuffire. Ceux qui ne me connoiffent pas, ont crû que je paffois les jours & les nuits au travail; & n'ont pû concilier cela avec l'idée d'une fanté ruinée. Ceux qui me connoiffent, favent que je ne confacre, ni ne puis confacrer, à mes études proprement dites que trois heures de la matinée au plus, & que j'employe les au-tres à vaquer à d'autres affaires, ou à jouïr des plaifirs innocens de la fociété. Ils s'étonnent donc quelquefois lorsqu'ils voyent combien de chofes j'embraffe, & la facilité avec laquelle je m'en tire. Mais, fi l'on veut bien réfléchir d'un côté fur l'efficace de l'habitude, & fur le produit incroyable d'un travail quotidien, & de l'autre fur le fonds de forces qui fe trouve

D 5

dans

dans tous les hommes, fur le parti qu'ils pourroient tirer de leurs facultés, & fur cette négligence impardonnable, qui eft la caufe presque unique de l'indigence, & fi j'ofe ainfi dire,
de la nullité, à laquelle font réduits la plûpart
des membres de la Société; on verra que je
n'ai fait que puifer dans une fource ouverte à
tout le monde, & que mon plus grand avantage a confifté dans la longueur opiniâtre de
mes infirmités, par laquelle j'ai été préfervé
de toute diftraction, de tout écart, dans la
route où j'étois une fois entré. Je fçais bien
qu'il faut des conjonctures pour recueillir le
fruit de fes peines; & je rens les actions de
grace les plus vives au fuprème Difpenfateur
des événemens de celles où il a bien voulu me
placer. Mais, s'il y a peut-être du plus ou
du moins, (& il y en a fans doute,) dans ces
circonftances qu'on regarde ordinairement
comme fortuites, nous pouvons cependant y
influer beaucoup par notre prudence & par
notre activité.

Je ne fais point d'excufe de ce que je me
fuis arrêté à parler ici de moi-même; j'ai crû
non feulement le pouvoir, mais même le devoir faire. La voye des exemples eft la plus
inftructive & la plus perfuafive: & ces exemples ont une double force, quand on peut les
tirer de fon propre fonds, de fa propre expérience. Je crois fermement avoir goûté
mille fois plus de plaifirs, & des plaifirs plus
réels,

réels, & plus dignes de l'homme, comme valétudinaire, & dans un état qui ôteroit tout
courage aux trois quarts de ceux qui y seroient
réduits, & au milieu même d'attaques très
douloureuses, qui de tems en tems ont rempli plusieurs mois consécutifs; je crois, dis-je,
dans cet état avoir été beaucoup plus heureux
que je n'aurois pû l'être en jouissant d'une santé, ou non interrompuë, ou qui ne l'auroit
été que par ces maladies ordinaires, auxquelles succede une convalescence parfaite. Cela
étant, s'il y a des personnes dans le même cas
que moi, par rapport au corps, je voudrois
les y mettre aussi par rapport à l'ame. Et
comme il est rare d'en trouver qui ayent eu
aussi peu de jours de santé que moi, je compte
qu'à plus forte raison mes leçons & mes exemples doivent influer sur celles qui sont moins
à plaindre, & qui passent par des épreuves
plus legères.

J'indiquerai encore trois avantages qu'on
peut retirer de la perte de la santé, & qui
achevent de réduire les choses à un état qu'on
doit regarder tout au moins comme de compensation, si tant est que ce ne soit pas un
état d'amélioration & de gain.

Premièrement, & c'est le cas de tous les
malheureux, les moindres intervalles favorables, une lueur de santé, un peu de relâche,
font un plaisir très vif, & inconnu à ceux qui
n'ont jamais souffert. Ce ne seroit peut-être

pas

pas la peine de souffrir dans l'unique vuë de jouïr de ce plaisir; mais il est au moins bien satisfaisant d'avoir cette ressource en souffrant. Tel malade qui étoit immobile dans son lit, sera plus content, lorsqu'il pourra s'y tourner, qu'il ne l'auroit été en santé à un festin, ou à quelque partie de plaisir. Quand on passe de la maladie formelle à un état plus supportable, chaque pas est marqué par quelque agrément. Aujourdhui vous pourrez être à votre séant dans le lit, demain vous passerez la journée dans un fauteuil, après-demain vous ferez quelque tour de chambre; & de là parcourant peu à peu vos appartemens, descendant votre escalier, prenant l'air de votre Jardin, vous trouverez dans cette gradation ce que vous n'auriez point trouvé dans l'insipidité ordinaire d'un état consistant. L'homme est ainsi fait, la Nature l'a doué de cette inestimable disposition, sans laquelle les maux feroient trop accablans pour lui; il tire parti du moindre répit; le prisonnier, au fonds de son ténébreux cachot, le forçat sous les coups d'un impitoyable Comite, se font en dépit de leurs situations, des passetems & des récréations.

Un second avantage qui est souvent l'effet d'une santé affoiblie, quoiqu'il paroisse d'abord se trouver en contradiction avec elle, excitera peut-être plus d'attention; il intéressera davantage le plus grand nombre de mes Lecteurs.

teurs. C'eſt qu'à tout prendre on eſt plus ſûr de vivre longtems avec un corps chancelant, qu'avec un corps extraordinairement vigoureux. Ceux de ce dernier ordre courent le riſque d'attaques dont la violence eſt proportionnée à la vigueur. Une fievre qui s'allume au milieu d'une grande abondance d'humeurs, dans une maſſe ſanguine & replette, y devient bientôt un feu dévorant & deſtructeur. Au lieu que dans un *corpuſcule*, ſi j'oſe m'exprimer ainſi, le mal ne prend point racine, faute d'aliment, il ne ſçauroit tendre exceſſivement des parties qui n'ont guères de reſſort, gonfler outre meſure des vaiſſeaux qui ne ſont guères remplis, cauſer en un mot un grand incendie là où il n'y a preſque point de matieres combuſtibles. Mais l'eſſentiel ſur ce point, c'eſt que ceux dont le corps eſt foible le ménagent mieux, & par là le font durer beaucoup plus longtems, que ceux qui bravent les ſaiſons & les fatigues, ou violent les loix de la tempéranee, en croyant pouvoir le faire impunément. Un vaiſſeau fêlé, comme on le dit proverbialement, peut durer plus longtems qu'un neuf. Il n'y a rien de plus commun que les exemples de perſonnes qui, bien qu'elles ne paroiſſent avoir que le ſouffle, & que tous leurs pas ſoyent chancelans, ne laiſſent pas d'accumuler les années ſur leurs têtes, de tromper l'attente que d'autres fondoient ſur leur mort, & d'enterrer journellement la plûpart

part de ceux qui comptoient de faire leur épitaphe.

Mais un dernier avantage dont je fais beaucoup plus de cas, c'est que des infirmités toujours renaissantes, quoiqu'elles ne conduisent qu'à pas lents vers le tombeau, ne laissent d'inspirer le détachement de la vie, & de familiariser entierement avec l'idée de la mort. Il faudroit être bien aveugle, en sentant tous les jours l'action de ces causes qui ne cessent d'ébranler notre machine, pour ne pas penser à sa fin, & pour ne pas la regarder comme un terme heureux, comme une délivrance desirable. Distinguons ici le dégoût du détachement. Quiconque voudra suivre la route que j'ai tracée, & profiter de tous les dédommagemens que j'ai indiqués, ne sentira point du répugnance à vivre, tant qu'il plaira à Dieu; il sera exempt de ces inquiétudes, de ces impatiences, qui ne sont rien moins qu'un vrai détachement: presque tous ceux qui s'y livrent étant dans le cas de Bucheron, qui, lorsque la mort paroit, la prie de l'aider à recharger son fardeau. Mais il y a un état calme & serein qui naît des réflexions perpétuelles qu'un homme de bon sens, que ses infirmités ont empêché d'être emporté par le tourbillon de la mondanité, fait sur sa destination, sur la fragilité de la vie, sur ce que la mort nous fait perdre, & sur ce qu'elle nous fait gagner. On sçait que je m'abstiens dans ce Traité des considérafidérations & des motifs que la Religion nous fournit: quand on les connoit, & qu'on s'en sert, la mort est un gain. Mais la Raison seule nous dit au moins, qu'elle ne nous cause pas une perte digne de nos regrets, & que nous ne devons pas la craindre. Personne n'a dit des choses plus sensées & mieux dévelopées là dessus que *Montaigne*, dans ses inimitables Essais. Ceux qui ne connoissent pas cet Auteur si ingénieux, & auquel une aimable naïveté conserve encore aujourdhui tout son prix, tandis qu'on ne lit plus ses contemporains, seront peut-être bien aises de trouver ici un échantillon de sa façon de penser & de s'exprimer. Je le tire du Livre II. de ses *Essais*. Dans le Chapitre VI. qui est intitulé, *De l'Exercitation*, il examine comment on peut se familiariser en quelque sorte avec la mort, & le fait en ces termes.

"Il me semble toutes fois qu'il y a quel-
"que façon de nous apprivoiser à elle, & de
"l'essayer aucunement. Nous en pouvons
"avoir expérience, sinon entiere & parfaicte,
"au moins telle qu'elle ne soit pas inutile, &
"qui nous rende plus fortifiez & asseurez. Si
"nous ne la pouvons joindre, nous la pouvons
"approcher, nous la pouvons reconnoistre; & si
"nous ne donnons jusques à son fort, au moins
"verrons-nous & en pratiquerons-nous les
"advenuës. Ce n'est pas sans raison qu'on nous
"fait regarder à nostre sommeil mesme, pour

"la

"la reffemblance qu'il a de la mort. Combien
"facilement nous paffons du veiller au dormir,
"avec combien peu d'intereft nous perdons la
"connoiffance de la lumiere & de nous! A
"l'adventure pourroit fembler inutile & con-
"tre nature la faculté du fommeil, qui nous
"prive de toute action, & de tout fentiment,
"n'eftoit que par iceluy nature nous inftruict,
"qu'elle nous a pareillement faicts pour mou-
"rir, que pour vivre, & dès la vie nous pré-
"fente l'éternel eftat qu'elle nous garde après
"icelle, pour nous y accouftumer, & nous en
"ofter la crainte. Mais ceux qui font tom-
"bez par quelque violent accident en defail-
"lance de cœur, & qui y ont perdu tous fen-
"timens, ceux-là à mon avis ont été bien près
"de voir fon vray & naturel vifage: Car quant
"à l'inftant & au poinct du paffage, il n'eft
"pas à craindre qu'il porte avec foy aucun
"travail ou defplaifir; d'autant que nous ne
"pouvons avoir nul fentiment, fans loifir.
"Nos fouffrances ont befoing de temps, qui
"eft fi court & fi précipité en la mort, qu'il
"faut néceffairement qu'elle foit infenfible. Ce
"font les approches que nous avons à crain-
"dre: & celles-là peuvent tomber en expé-
"rience. Plufieurs chofes nous femblent plus
"grandes par imagination que par effect. J'ai
"paffé une bonne partie de mon aage en une
"parfaicte & entiere fanté: je dy non feule-
"ment entiere, mais encore allegre & bouil-
"lante.

"lante. Cet estat plein de verdeur & de feste
"me faisoit trouver si horrible la considération
"des maladies, que quand je suis venu à les ex-
"périmenter, j'ai trouvé leurs poinctures mol-
"les & lasches au prix de ma crainte. Voicy
"ce que j'esprouve tous les jours: Suis-je à
"couvert chaudement dans une bonne sale,
"pendant qu'il se passe une nuit orageuse &
"tempestueuse, je m'estonne & m'afflige pour
"ceux qui sont lors en campaigne: y suis-je
"moy-mesme, je ne desire pas seulement
"d'estre ailleurs. Cela seul, d'estre toujours
"enfermé dans une chambre, me sembloit in-
"supportable: je fus incontinent dressé à y
"estre une semaine, & un mois, plein d'émo-
"tion, d'altération, & de foiblesse: Et ay trou-
"vé que lors de ma santé, je plaignois les ma-
"lades beaucoup plus, que je ne me trouve à
"plaindre moy-mesme, quand j'en suis; &
"que la force de mon appréhension enchérit
"soit près de moitié l'essence & vérité de la
"chose. J'espère qu'il m'en adviendra de mesme
"de la mort; & qu'elle ne vaut pas la peine
"que je prens à tant d'apprests que je dresse,
"& tant de secours que j'appelle & assemble
"pour en soustenir l'effort. Mais à toutes ad-
"vantures nous ne pouvons nous donner trop
"d'avantage.

Tout cela est exactement vrai, & peint
d'après nature. On s'accoûtume à la maladie,

on

on demeure tranquille dans des situations, qui, si elles survenoient à l'improviste & au milieu d'une pleine santé, jetteroient dans la consternation, & engageroient à recourir avec empressement aux secours de la Medecine. Je l'ai dit mille fois, parce que je l'ai éprouvé pour le moins autant; dans des jours où l'on n'appercevoit en moi aucun signe extérieur de maladie, & où je montrois la plus grande gayeté parmi les Sociétés que je fréquente, si quelcun de ceux qui me voyoient alors sans se douter de mon état, avoit été subitement affecté de tous les symptômes que je sentois actuellement, il auroit quitté la compagnie au plus vîte, pour se jetter dans un lit, fermement persuadé que sa vie étoit en danger. S'il n'en étoit pas de même de moi, c'est que, depuis bien des années, me levant, me couchant, & vaquant à toutes mes occupations dans cet état, j'en avois détourné à la fin mon attention, ou du moins je ne l'accordois qu'aux momens de douleur les plus vifs. Voilà qui vaut mieux que toute l'affectation du Stoïcisme, que cette prodigieuse contention par laquelle on prétend venir à bout de ne rien sentir, au fort même des tourmens les plus insupportables. Cela n'est pas dans la nature; & l'on ne fait qu'irriter le mal par cette voye. Tout ce que l'on vient à bout de céler & de déguiser extérieurement, s'aggrave, s'envénime en quelque

sorte

forte au dedans, & augmente notre martyre. Mais ce qui est dans la nature, c'est de fléchir, doucement & raisonnablement, sous le poids des maux, & de leur associer peu à peu toutes les distractions qui peuvent en diminuer l'impression. Alors on est tout surpris, quand un certain tems est écoulé, de se trouver à peu près aussi content dans la maladie qu'on l'étoit dans la santé, & d'avancer dans la carrière d'une vie infirme avec des agrémens qui n'en cedent guères à ceux d'une vie exempte d'infirmités. C'est par un effet du même principe, je veux dire, de la force de l'habitude, que le Lapon se trouve aussi bien au milieu de ses neiges, & l'Africain dans ses deserts brûlans, que ceux qui habitent les régions les plus tempérées & les plus riantes. On assure qu'il y a eu des prisonniers, qui, après avoir obtenu leur élargissement au bout de plusieurs années de prison, n'ont pas voulu en sortir, demandant comme une grace qu'on les y laissât achever leur vie. Il seroit peut-être plus difficile de trouver un homme qui refusât de recouvrer la santé & la vigueur; mais je ne crois pas la chose impossible. Au moins ai-je déjà insinué qu'à certaines conditions je n'accepterois pas l'offre, comme seroit celle de renoncer à toute étude, ou même la seule interdiction de l'encre & du papier. Peut-être qu'à la vérité de nouvelles habitudes me for-

meroient

meroient au deſœuvrement, & m'appren-
droient à me contenter de ces riens dont tant
de gens rempliſſent leurs journées. Mais de
la façon dont je penſe actuellement, j'aime-
rois beaucoup mieux déloger du monde, que
d'y vivre oiſif.

Ceci me ramene à la mort, & au détachement de la vie. Je ne conçois pas, comment
lorſqu'on a vû renouveller quarante ou cinquante fois l'ordre des ſaiſons, & les mêmes
décorations ſe ſuccéder ſans ceſſe les unes aux
autres, de ſorte qu'il ne reſte plus rien de nouveau ſous le Soleil; on peut brâmer, comme
on le fait ordinairement, après de nouvelles
années, où nous ne verrons que ce que nous
avons vû, où nous ne ferons que ce que nous
avons fait, & dans lesquelles la vieilleſſe ap-
péſantira néceſſairement le fardeau de nos infirmités. Surtout, lorſque de tems à autre,
quelque ſecouſſe de mal un peu violente vient
nous ſéqueſtrer pour quelques ſemaines, du
commerce, & des liaiſons qui nous inſpirent
un reſte d'attachement pour la vie, eſt-ce en
vérité bien la peine d'y rentrer. eſt-ce la peine de ſe r'habiller, comme le diſoit agréablement le vieux *Patris*, en relevant d'une grande maladie? La fréquence de ces états m'a
tout au contraire donné, ſi j'oſe m'exprimer
ainſi, une véritable amitié pour la mort; ſon
idée ne me quitte preſque point, mais c'eſt en
qualité

qualité d'idée agréable, qui tempère tous les chagrins que je puis avoir d'ailleurs; chagrins dont je découvre aussitôt l'inutilité, dès que je me dis à moi-même: Combien te reste-t-il à vivre? Et que t'importera ce souci qui t'affecte si vivement, cette tracasserie qui dérange ton humeur, ce revers qui porte quelque atteinte à ta fortune, que t'importeront toutes ces choses à l'heure de la mort? Voilà la source de toutes les consolations, pourvû qu'on y joigne une bonne vie; & je ne vois pas ce qui pourroit après cela troubler la sérénité, & même la gayeté, jusques dans les souffrances, quelque grandes qu'elles puissent être, pourvû seulement qu'elles laissent le cerveau libre, & ne bouleversent pas les facultés de notre ame. Je me fais au pied de la lettre l'idée la plus agréable de la mort; & il m'est arrivé de dire que je craignois que le plaisir que je trouverois à mourir ne m'en empêchât. J'ai rencontré depuis un mot du Père *Bouhours* qui a du rapport au mien. Il avoit passé 75 ans de vie dans de continuelles infirmités, qui ne l'empêchoient pas d'être un des hommes les plus laborieux, les plus aimables, & les plus officieux; & il avoit l'art de cacher ces infirmités au point que ceux qui le fréquentoient pouvoient à peine s'en appercevoir. Mais elles n'avoient pas laissé de produire leur effet naturel sur tout homme de bon sens; c'est à dire, de le déta-

E 3

cher

cher de la vie à tel point qu'il craignoit de trouver du plaifir à mourir, & s'en faifoit un cas de confcience. (*) Pour éviter toute exagération, il eft au moins certain que la mort, à l'exception de certaines fituations cruelles, devroit fe paffer beaucoup plus tranquillement que de coûtume; & que fi cet appareil lugubre, ces gémiffemens, & toutes ces fcenes attendriffantes qui environnent un mourant, étoient bannies, il n'y en a guères qui ne puffent dire comme Louis XIV. *Je ne croyois pas qu'il fut fi aifé de mourir.*

Je voudrois, avant que de quitter le fujet qui m'occupe, pouvoir parler pertinemment d'un état qui paffe pour très fâcheux, & qui doit l'être en effet, puifqu'il réunit les infirmités de l'efprit & celles du corps. C'eft celui qu'en defigne ordinairement par le nom d'*hypocoudrie*. J'avoüe que je n'en ai, ni ne puis m'en faire, aucune idée; & cela n'eft pas furprenant, les chofes qui font du reffort de l'expérience ne pouvant être connuës que par la voye même de

l'ex-

(*) *Il dit la veille de fa mort à un de fes amis, qu'il avoit quelque fcrupule du plaifir qu'il trouvoit à mourir.* Voyez les *Mémoires de Trevoux* du mois de Mars, 1703. Le P. *Bouhours* mourut le 27. de Mai 1702. Sainte *Therefe* alloit plus loin, mais auffi c'étoit une fainte. Elle a fait des vers, dont le refrain eft

Muero porque no muero,

c'eft à dire

Je me meurs de regret de ne pouvoir mourir.

M. *de la Monnoye* a donné une belle traduction de ces vers.

l'expérience. Les deſcriptions que j'ai enten-
du faire de cet état par les perſonnes mêmes
qui y étoient expoſées, m'ont donné lieu de
de penſer qu'il eſt d'un ordre très fâcheux. La
Medecine a ſans doute ici quelques ſecours à of-
frir(*); cependant ils ne paroiſſent pas produire de grands effets. Je crois que la Gymnaſti-
que convient mieux, & qu'il n'y a que des exercices aſſez violens, qui puiſſent diſſiper les ob-
ſtructions qui paroiſſent être la principale cauſe
de ce mal. En effet on ne voit guères de La-
boureur qui s'en plaigne en pouſſant ſa charruë,
au lieu qu'à tout moment l'homme de lettres
laiſſe tomber ſa plume, & s'abandonne à des accès qui ont une grande affinité avec l'aliénation
d'eſprit. Il en eſt comme des vapeurs du ſexe,
lorsqu'elles ne ſont pas de ſimples affectations,
de ridicules minauderies; c'eſt preſque toujours
l'oiſiveté & la nonchalance qui les produiſent:
la Maîtreſſe qui ſe dorlotte ſans fin en eſt tour-
mentée, tandis que la Servante toujours à l'ouvrage ne ſçait ce que c'eſt. Entant que ces ſortes de maladies tiennent au corps, il n'y a rien
de mieux à faire que de ſecouer le corps, & de
le tirer de l'inertie, où il croupit. Mais l'eſprit?
On eſt ordinairement tenté de le regarder com-

E 4

me

(*) Un des Ouvrages les mieux faits là deſſus, eſt celui
qui a paru à *Verone* en 1756. ſous ce titre: Antonii
Fracaſſini *natura morbi hypocondriaci, ejusque curationis
mechanica inveſtigatio.* in quarto, pp. 207.

me incurable; parce que les perſonnes attaquées de ce mal fuyent toute compagnie, rejettent tout amuſement, & s'irritent, lorsqu'on veut les diſtraire de leurs ſombres idées. J'avouë qu'il ne ſuffit pas de dire à quelcun: Divertis-ſez-vous, chaſſez toute mélancolie, vivez dans des ſociétés joyeuſes, & participez à la bonne humeur qui y régne; cela ne ſuffit pas, dis-je, pour diſſiper l'épais bouïllard dont leur eſprit eſt offusqué. Avec cela on s'y prend mal pour l'ordinaire dans ces ſortes d'avis, qui ſont mon-tés ſur le ton de la contradiction, & qui par là ne ſont propres qu'à aigrir. C'eſt une règle générale qu'il faut avoir de la complaiſance pour tous les malades, & entrer juſqu'à un certain point dans leurs foibleſſes. Ainſi je voudrois qu'on fît naître peu à peu des amuſemens au-tour des hypochondriaques, ſans les inviter for-mellement à y prendre part, qu'on les amenât par degrés à ſouffrir & à ſoutenir des converſa-tions douces, & des recréations tranquilles, qui, ſi je ne me trompe, produiroient un effet d'autant plus aſſuré qu'il paroîtroit lent, ſurtout dans les commencemens. Mais il eſt fort rare que les malades ayent autour d'eux des perſon-nes intelligentes & complaiſantes. Celles qui pourroient imaginer les moyens les plus conve-nables à leur ſoulagement, n'ont pas la patien-ce de les mettre en œuvre; tandis que d'autres, pleines de douceur & de bonnes intentions, ne

font

font que fatiguer par des foins & des attention
qu'elles placent à contretems. Enfin, nous n
difpenfons pas les malades mêmes dont il s'ag
ici, de concourir à ce qu'on fait en leur faveu
Leur défaut ordinaire eft, je l'avoue, de jette
le manche après la coignée, & de s'abandonne
fans referve, & fans réfiftance, au ver qui le
ronge. Mais ce n'eft pourtant qu'un défaut
& non une néceffité; & voilà pourquoi je le
invite à s'en corriger, à profiter des bons inter
valles dont ils jouïffent, pour prendre des ar
rangemens & former des réfolutions, que des ef
forts réitérés les mettront à la fin en état d'exé
cuter. Je les exhorte à penfer qu'ils mettes
à de fortes épreuves la patience de ceux ave
qui ils vivent, & qu'ainfi la raifon & l'équité veu
lent qu'ils s'obfervent autant qu'il dépend d'eux
afin de pallier ce que leur état a de révoltan
pour les fpeétateurs, & furtout pour les té
moins perpétuels de ces bizarreries. Je fui
perfuadé qu'on iroit beaucoup plus loin qu'o
ne fe l'imagine en fuivant cette route; & qu'i
en feroit de ce cas comme d'une infinité d'autres
où l'homme méconnoît fes forces, & rejett
des fecours qui font fous fa main.

Malgré la brieveté de ce Traité, je croi
n'y avoir omis aucune des confidérations effen
tielles qui peuvent fervir à rendre l'homme, nor
feulement moins malheureux dans fes difgraces,
mais même réellement heureux, lorfqu'il croit

E 5

le moins pouvoir l'être. Il ne faut pour cela que la condition exprimée dans l'épigraphe que j'ai placée au titre de ces *Confolations*. Vous êtes heureux, à moins qu'une chofe ne vous manque, l'efprit; c'eft à dire, le courage, la force d'efprit, qui malheureufement eft la plus rare de toutes les difpofitions. Le courage martial eft fort commun; & c'eft prefque le feul connu. On n'appelle courageux qu'un homme qui n'a point de peur, ou plutôt qui n'en témoigne point, au milieu du fracas des armes, & lorfque la mort, fous mille formes différentes, vole tout autour de lui, prête d'un inftant à l'autre à le terraffer. Je n'ai garde de porter la moindre atteinte aux lauriers qu'on cueille dans les champs de Mars: la valeur des Guerriers eft le plus fûr rempart des Etats, & nous en avons fait tant de fois l'heureufe expérience, qu'il y auroit autant d'aveuglement que d'ingratitude à le nier. Mais on m'avouëra que le courage par excellence, c'eft celui qui fe foutient partout & dans toutes les circonftances, celui qui envifage tous les objets fous leur véritable point de vuë, les réduit tous à leur jufte valeur, & conferve jufqu'au dernier moment cette vuë nette & fixe, qui caractèrife feule les grandes ames. Les mouvemens impétueux, les paffions violentes, fuffifent pour élever quelquefois les ames les plus communes fort au deffus de tout ce qu'on auroit pû s'en promettre, &

leur

leur faire faire ce qu'on appelle communément des prodiges. Mais renduës à elles - mêmes, dans le calme du silence, & la retraitte, elles reviennent à leur état naturel, & montrent une foiblesse, qui n'est pas plus surprenante que celle d'un malade, auquel de violentes convulsions avoient donné pour quelques momens une vigueur incroyable. Le lit de mort surtout est l'écueil des Héros qui n'ont acquis ce titre que par des exploits belliqueux. Ils pâlissent, ils frémissent, en voyant de sens froid, cette mort qu'ils avoient tant de fois bravée dans l'horreur des combat. Il n'y a donc que la réfléxion, l'usage des facultés intellectuelles, l'attention aux divers motifs de tranquillité & de résignation, qui ont fait le sujet de ce Traité, qui puissent inspirer un véritable courage, un courage qui suffise à tous les événemens, & accoompagne l'homme dans toutes les situations de la vie.

V. J'abandonnerois donc ici mon Lecteur à lui - même & aux réflexions que peuvent lui suggérer les idées précédentes, si je ne croyois devoir encore, sans sortir des limites de l'enceinte philosophique où je me suis renfermé, devoir tourner ses regards vers l'Etre Suprème, & les fixer, d'une façon plus particuliere, sur cette Cause premiere de tous les événemens, pour montrer combien toutes ses volontés sont dignes de notre respect & de notre confiance. Je dis, d'une façon plus particuliere; car, en

médi-

méditant, comme nous l'avons déjà fait, sur la structure de nos Corps, & sur le plan de l'Univers, nous avons découvert partout la main puissante & sage, qui nous a formés; & qui nous soutient. Mais cela ne suffit pas encore; après avoir cherché & trouvé Dieu dans ses œuvres, il faut, autant que nous en sommes capables, le chercher en lui-même, dans sa propre essence, & dans ses perfections infinies.

Je ne conçois pas comment l'homme peut passer un seul jour, je dirois presque un seul moment de sa vie, sans penser à Dieu. Tout l'y invite, tout lui rappelle la grandeur, la gloire, la bonté, la sagesse de cet Etre adorable; tout le sollicite en même tems à s'elever à cette contemplation, qui est la seule propre à le tirer de la bassesse où il semble plongé, à le consoler des misères auxquelles il se trouve exposé. Un Poëte a distingué l'homme des autres animaux par la situation de sa tête & de son visage, qui le mettent en état de lever les yeux au Ciel, & de considérer sans effort la voûte étoilée.* Je ne sçai si cette prérogative nous est tellement propre qu'on ne puisse l'attribuer à aucune autre espece d'animaux. Mais je ne crois pas qu'elle vaille la peine d'y insister beaucoup, dès-là que nous sommes doués d'une autre prérogative

tive

(*) *Os homini sublime dedit; cælumque tueri*
Jussit, & erectos ad sidera tollere vultus.
Ovid. Metam. Lib. I. v. 85. 86.

tive bien plus caractériſtique & plus conſidérable. C'eſt celle d'élever les yeux de notre eſprit & de notre entendement, non vers cet aſſemblage de corps lumineux qui roulent ſur nos têtes, mais juſqu'au Thrône de la Majeſté infinie, qui a dit que toutes ces choſes ſoyent, & elles ont été. O! que l'homme qui renonce volontairement à cet avantage, à ce droit, eſt inſenſé, criminel, & miſérable! Vivre ici bas ſans Dieu & ſans eſpérance au monde, c'eſt le comble de l'extravagance, de l'égarement, & de l'infortune.

L'idée de Dieu, c'eſt à dire d'un Etre ſouverainement parfait, n'eſt l'ouvrage, ni de l'imagination, ni de la Politique: c'eſt la voix de la Nature, de la Raiſon, & de la Conſcience. S'il y a des Etres aujourdhui, il y a néceſſairement un premier Etre; s'il y a des Etres finis, & qui ne puiſſent s'être donnés l'exiſtence à eux-mêmes, il y a un Etre infini, qui la leur a donnée, & qui ne la tient de perſonne; ſi ces Etres ſont doués de certaines perfections limitées, il faut que la ſource de ces perfections portées au plus haut degré, & réunies toutes enſemble par un lien indiſſoluble, ſe trouve dans la Cauſe de leur exiſtence. Partez de toute autre ſuppoſition: Ce Monde devient un Chaos, une énigme, un amas de contradictions. L'homme ne ſçait ni d'où il vient, ni où il va; ſon corps avec toutes les merveilles qu'il renferme, eſt

une

une production du Hazard aveugle; son ame, avec toutes les connoissances & les espérances dont elle est remplie, est un éclair qui s'allume dans la nuit de l'Eternité pour s'éteindre & disparoitre aussi-tôt. Tout ce que nous nommons ordre, proportion, convenance, rapport, fin, beauté, harmonie, n'a aucune raison de son existence, ou plutôt n'existe réellement point, puisqu'il n'y a point d'Intelligence de qui les choses, dans lesquelles on croit remarquer ces qualités, procédent & dépendent. Comment se peut-il qu'il y ait des mortels assez aveugles pour préférer ces odieuses ténébres à la lumiere resplendissante qui les environne, assez ennemis d'eux-mêmes & du genre humain, pour employer toutes les forces de leur esprit à établir une doctrine, qui, quand même elle seroit aussi vraye qu'elle est fausse, devroit être ensévelie dans le plus profond silence?

Mais l'existence de Dieu, graces à la bonté de ce Dieu même, est un dogme inébranlable, fondé sur les démonstrations les plus victorieuses. Notre propre existence n'est, ni plus vraye, ni plus certaine, que celle de notre Créateur. Car pourquoi croyons-nous que nous sommes? C'est en vertu du sentiment intérieur, de l'acte de la pensée, qui nous en assure. Je pense: Donc je suis. Or cette certitude vient du premier principe de toutes nos idées: c'est qu'il est impossible qu'une chose soit & ne soit

pas

pas en même tems. Mais, si nous ne nous sommes pas faits pas nous-mêmes, ce qui n'est pas moins incontestable que notre existence, il faut que celui qui nous a faits existe; & son existence est encore plus nécessaire que la nôtre, puisqu'une cause peut bien être sans produire d'effet, au lieu qu'un effet ne peut-être sans sa cause. Dans le même tems donc que nous avons le sentiment de notre existence, il seroit combattu & détruit, s'il y avoit démonstration de la non-existence de Dieu; nous serions, & ne serions pas, puisque nous ne pourrions pas être; & l'axiome fondamental étant ainsi ruïné, entraîneroit dans sa ruïne tout ce qu'on nomme certitude.

Il n'est pas besoin de s'enfoncer dans ces profondeurs de la Métaphysique pour arriver à la conviction: elle est, & elle doit être, à la portée de tout le monde. Tous les efforts des Incrédules n'ont encore pû ébranler l'argument du Psalmiste: *Les Cieux racontent la gloire de Dieu, & l'étenduë donne à connoitre l'œuvre de ses mains.* Placé donc au milieu de cet Univers, faisant partie de ce grand Tout, déterminé par une suite de causes & d'effets, dont l'arrangement est trop sensible pour le méconnoitre, à exister dans un tel tems, dans un tel lieu, à participer aux divers événemens du Monde physique, & du Monde moral, qui arrivent dans ce tems & dans ce lieu, quelle doit être la situation de

mon

mon esprit, & celle de mon cœur, dans les diverses conjonctures, ou je me trouve placé, quelles, que ces conjonctures puissent être? Mon esprit doit remonter à la premiere Cause, & considérant tout ce qu'elle a fait, & tout ce qu'elle peut faire, ne conserver aucun doute sur la sagesse de ses vuës, & sur l'heureuse issuë qu'elle sçaura donner aux choses qui me paroissent les plus contraires à mes idées, les plus embarrassantes pour ma foible Raison. Mon cœur surtout, fortement persuadé que Dieu n'est pas moins bon que sage, & que ces deux perfections concourent également au bonheur de toutes les Intelligences créées, doit s'abandonner avec une pleine confiance à la direction de l'Intelligence suprème, & rejetter tout soupçon qui pourroit lui être injurieux.

J'avouë que, si notre existence étoit renfermée dans les bornes étroites de cette vie, si tout mouroit avec nous, il seroit difficile de nous faire une idée des vuës que Dieu s'est proposées en nous formant; il n'y auroit guères de réponses qu'on pût regarder comme pleinement satisfaisantes, pour dissiper les doutes, & détruire les difficultés, auxquelles notre situation présente donne lieu. Notre séjour ici-bas ne seroit qu'une apparition momentanée sur la scene du grand Théatre de ce Monde; & au bout des rôles les plus longs &

les

les plus brillans, on seroit toujours en droit de dire: *Etoit - ce bien la peine de naître?* Il n'y auroit rien en nous qui ne parut ébauché & manqué. A' peine aurions-nous acquis les élémens de quelques connoissances imparfaites, à peine aurions - nous fait l'apprentissage de quelques foibles vertus, que la nuit du tombeau nous engloutiroit sans retour.

L'idée des perfections divines doit nous rassurer pleinement contre ces inquiétudes. Dieu ne nous a pas fait pour sa propre utilité: il ne lui revient aucun avantage de nous. Il ne nous a pas faits pour être en quelque sorte le jouët des événemens, pour voguer au hazard sur la mer orageuse de ce monde, sans pouvoir arriver à aucun port. Il ne nous a pas faits surtout pour nous tourmenter, nous rendre misérables, & se plaire à la vue de nos malheurs. Etant, comme nous le sommes à tant d'égards, les objets de sa Providence & de ses attentions paternelles, nous ne devons pas douter qu'elles ne s'étendent fort au delà de ce que nous en connoissons, & qu'elles n'embrassent un plan bien plus étendu que celui de cette vie mortelle. Notre cas est précisément celui des enfans qu'un bon Père éleve. La bonté même de ce Père l'engage à leur refuser mille choses qui sont l'objet de leurs petites fantaisies, & à les châtier,

F

tier, quelquefois très févérement, lorfqu'ils ne peuvent être corrigés que par cette voye. Si ces enfans ne penfent pas que la difcipline à laquelle ils font affujettis pendant quelques années, tend à les perfectionner, & à les rendre heureux tout le refte de leur vie, ils ne pourront s'empêcher de murmurer, & de croire que leur Père fe plaît à les chagriner. Mais, dès que la Raifon fe développera affez en eux pour découvrir toutes les vuës de la conduite qu'il tient à leur égard, ils feront les premiers à y entrer, à les feconder; & ils lui témoigneront la plus vive reconnoiffance de ce qu'il n'a point ufé envers eux d'une indulgence qui leur eut été infiniment funefte.

La briéveté de la vie eft furtout une confidération que nous ne devons jamais perdre de vuë dans nos fouffrances. Quand on poffede l'art de mettre en œuvre tous les moyens de foulagement qui ont été indiqués ci-deffus, quel eft l'efpace de tems qui peut être appellé proprement un tems douloureux, & quelle proportion a-t-il avec cette durée fans bornes, dont nous avons droit de nourrir l'efpérance? S'avife-t-on de plaindre un enfant au berceau, qui pouffe quelques cris, & ne fçait-on pas bien que les premieres années de la vie ne fauroient fe paffer fans douleur? Trouveroit-on fort raifonnable un Voyageur,

qui

qui murmureroit d'un mauvais gîte qu'il a trouvé, en se rendant à un lieu où la plus haute fortune l'attendoit, & lui est effectivement échuë. Toutes ces comparaisons sont extrèmement foibles, parce qu'il n'y a aucune proportion entre le tems & l'éternité. Nous devons donc être bien assurés, quoiqu'il n'y ait que la Religion qui conduise cette vérité au plus haut point d'évidence, nous devons, dis-je, être entierement convaincus, que les mêmes perfections divines, qui ont arrangé le plan de l'Univers, qui nous ont conduit à l'existence dont nous jouïssons actuellement, & qui l'ont assaisonnée, pour ainsi dire, d'une foule d'avantages, que nous ne pourrions méconnoître sans la plus noire ingratitude, n'y ont pas semé sans raison les épines qui s'y trouvent jointes; mais que nos disgraces même les plus amères, nos traverses les plus sensibles, doivent finalement se rapporter à notre bien, pourvû que nous en fassions l'usage auquel elles sont destinées, & que nous ne perdions jamais de vuë la main qui les dispense.

Pour ne pas priver entierement mes Lecteurs de l'Ouvrage de M. *Gellert*, dont j'avois d'abord eu dessein de donner la Traduction, je vais finir celui-ci par un fort beau Soliloque, que j'en tirerai, & qui renferme les

princi-

principales idées dont peut & doit s'occuper
un homme exposé à quelque état de souffrance, & rempli des dispositions de respect,
d'amour, & de confiance, que nous inspirent
les perfections Divines. Puissent ces dispositions devenir celles de tous les hommes, pro-
fondément humiliés sous la puissante main de
Dieu, afin qu'il les releve, quand il en sera
tems! Puissions-nous tous nous préparer à la
venuë de ce grand jour, où Dieu sera trouvé juste dans toutes ses œuvres, où ses glo-
rieuses perfections seront manifestées à la face
de tout l'Univers, & où chacun remportera
en son corps & en son ame, selon qu'il aura
fait, ou bien, ou mal!

„Eternel, tu es la meilleure de tou-
„tes les Essences, l'Etre le plus aimable, dont
„nous puissions nous former l'idée. La Rai-
„son & la Révélation me le disent de concert.
„Les misères, les souffrances de tes Créatu-
„res, ne sauroient être agréables, ni utiles.
„Tu dois tout au contraire vouloir leur con-
„tentement, leur félicité, puisque tu es la bon-
„té, la magnanimité, la charité même. Rien
„ne peut t'arrêter dans l'accomplissement de
„tes desseins miséricordieux. Tu es le Tout-
„puissant: un seul acte de ta volonté peut ren-
„dre l'Univers heureux, ou le replonger dans
„le néant. Il est vrai que je suis en proye à
„de

„de vives douleurs, & que depuis plusieurs
„années mon corps est le déplorable théa-
„tre de toutes sortes d'infirmités. Tu vois
„mon état, & tu ne viens pas à mon secours.
„Je sonde mon cœur, & je ne découvre
„point de vices assez odieux pour me ren-
„dre l'objet de ta colère & des châtimens les
„plus rigoureux. Tu sais, Seigneur; que je
„procede avec intégrité dans l'examen de
„moi - même. J'en conclus donc que tu as
„des raisons de me traiter ainsi, & de me
„plonger dans de pareilles souffrances; rai-
„sons que je ne puis découvrir, ma vuë étant
„trop foible pour démêler tout le plan que tu
„t'es formé, en découvrir toute l'étenduë, en
„sonder toute la profondeur. Mais je ne sau-
„rois pourtant cesser un instant de croire, que
„tu ne peux rien vouloir, ni permettre, qui ne
„contribuë à avancer le bonheur de tes Créa-
„tures intelligentes. Il faut que les infirmités
„qui me privent de la santé, tournent à mon
„avantage, ou à celui des autres, ou même
„à l'un & l'autre ensemble. Il t'a plû d'unir
„mon ame à un corps qui ne cesse de l'acca-
„bler de sensations fâcheuses; & tu m'as en
„même tems imprimé le desir naturel d'être
„exempt de douleur. Si je ne fais attention
„qu'à la vie présente, mon état est incompa-
„tible avec le bonheur qu'on peut y goûter.
„Il n'y en a point sans la santé. Mais cette

F 3

„vie,

„vie, ce corps, ce monde, font-ce les feules
„chofes pour lesquelles je fuis créé. L'im-
„mortalité de mon ame la rend fufceptible.
„d'une éternelle felicité. Je vis ici bas, afin
„de me préparer par l'obéïffance à une meil-
„leure vie, afin de me mettre en état de par-
„ticiper à un bonheur infini dans fa mefure
„& dans fa durée. C'eft à cet objet que doi-
„vent fe rapporter continuellement toutes mes
„vuës, fi je veux qu'elles s'accordent avec les
„tiennes. Tu as pu me difpenfer les dou-
„leurs que j'endure, non comme douleurs,
„mais comme un moyen d'arriver au vrai
„bonheur. Je n'ai aucun doute à cet égard.
„Ainfi, quand je ne ferois attention qu'à moi-
„même, fans penfer à ceux avec qui je vis,
„il faut que cet état fe rapporte à mon fa-
„lut éternel. La vérité, la foi, la vertu, &
„l'obéïffance, peuvent feules nous y conduire?
„Peut-être que la jouïffance d'une fanté par-
„faite auroit été pour moi un obftacle à la
„Vertu? Peut-être que je vivrois d'une toute
„autre maniere, c'eft à dire, dans de grands
„defordres, fi mon corps malade ne m'en em-
„pêchoit? Peut-être que ma conftitution na-
„turelle m'auroit rendu fi fenfuel, fi facile à
„céder aux impreffions des objets extérieurs,
„que je n'aurois pû arriver à la connoiffance
„de la Vérité, fans le foin que tu as pris d'ô-
„ter ces pierres d'achoppement qui embar-

„raf-

„rassoient ma route. Peut-être qu'après
„avoir acquis le thrésor de la Vérité, je l'au-
„rois bientôt perdu, si mon esprit volage n'a-
„voit été enchainé & fixé par le poids des
„maux de mon corps. Peut-être que je n'au-
„rois mis aucunes bornes à l'amour de la vie,
„& au desir des biens qu'elle nous offre, si
„j'avois pu disposer à mon gré de tous mes
„organes & de toutes mes facultés. O Dieu,
„tu as connu l'édifice de mon corps, & les
„dispositions de mon ame. Tu as vu que la
„santé, qui auroit été un bien pour quelque
„autre, seroit devenue un mal pour moi? Tu
„as donc bien voulu me priver d'un moindre
„avantage, pour m'en assurer un infiniment
„plus grand. Me plaindrois-je après cela de
„ta conduite envers moi? Aurois-je le moin-
„dre droit de demander. pourquoi tu m'as
„ainsi fait, ou pourquoi tu m'as placé dans de
„telles circonstances? Pourrois-je sans témé-
„rité, sans la plus criminelle audace, te pren-
„dre en quelque sorte à partie, pour m'a-
„voir ôté cette santé, qui m'auroit fait cou-
„rir à ma perte, en me privant de la vertu,
„seul bien desirable par soi-même. Ou bien
„mes prétentions iroient-elles jusqu'à vouloir
„que tu eusses réuni ces deux avantages en
„ma faveur, la santé dans cette vie, & le bon-
„heur dans l'autre. Qui suis-je donc pour
„tenir ce langage? Misérable ver de terre,

„irai-je contester avec toi? N'es-tu pas sage
„& juste dans toutes tes voyes? N'auroit-il
„pas falu dépouïller toutes les Créatures rai-
„sonnables de leur liberté, pour prévenir tous
„les accidens qui arrivent par leur propre faute?
„N'est-ce pas bien assez que tu ayes placé
„chacune d'elles dans les circonstances exté-
„rieures, les plus avantageuses au salut de
„leurs ames? J'ai lieu d'être convaincu que tu
„l'as fait; & soit que je réfléchisse sur tes per-
„fections, soit que je consulte ta divine Pa-
„role, tout m'affermit dans cette persuasion.
„Pourvû donc que je puisse m'assurer que
„je ne me suis pas attiré mes infirmités, ou
„que je ne les ai pas aggravées, par ma mau-
„vaise conduite; elles ne sont plus une puni-
„tion: c'est uniquement un moyen sage, quoi-
„qu'amer, de me rendre plus parfait & plus
„heureux.   J'adore, o mon Dieu, ton infi-
„nie bonté. Je suis parfaitement tranquille
„& content, parce que je sçais & je vois que
„tu as réglé mon sort de la maniere la plus
„propre à me faire arriver au but pour le-
„quel j'ai été créé, à rendre mon ame éter-
„nellement heureuse. Insensés que nous som-
„mes! Nous cherchons pour l'ordinaire à nous
„tranquillifer en séparant l'idée de la vie pré-
„sente de l'idée de la vie à venir. Et ces
„deux vies n'en font qu'une. Quand nous
„voulons juger, si nous sommes heureux, ou
„mal-

„malheureux, nous ne regardons qu'à l'inſtant
„préſent, & nous ne penſons point à l'im-
„menſe durée qui doit le ſuivre. C'eſt de
„cet aveuglement qne naiſſent les plaintes ſou-
„verainement injuſtes que nous ne ceſſons de
„faire toutes les fois que le cours des événe-
„mens ne s'accorde pas avec nos vains de-
„ſirs. Mais de quel droit ſéparons-nous des
„choſes unies de la maniere la plus indiſſolu-
„ble? N'as-tu pas dit, que ceux qui s'atta-
„cheroient à la Vertu, qui t'aimeroient, &
„qui feroient d'un cœur entier ta ſainte vo-
„lonté, verroient toutes choſes tourner à leur
„bien? Ne s'enſuit-il pas de là que tu ne per-
„mettras jamais qu'il leur arrive rien qui puiſſe
„préjudicier à leur ſalut, à leur éternelle félici-
„té? Grand Dieu, je me ſoumets à ta ſage
„Providence. Tu agis envers moi comme un
„tendre Père. Tu me châties, parce que tu
„m'aimes: tu me conduis par la voye des af-
„flictions à cette ſanctification, ſans laquelle
„perſonne ne verra ta face. Il nous ſemble
„d'abord que tu veux plutôt nous affliger que
„nous réjouir; mais bientôt l'affliction legère
„& qui ne fait que paſſer, produit une joye
„inénarrable, une gloire excellente. Qu'eſt-ce
„que vint, ou trente années d'une vie doulou-
„reuſe, quand après cela on eſt aſſuré de paſ-
„ſer les ſiècles des ſiècles exemt de tout mal,
„dans la poſſeſſion des voluptés les plus pures

„&

„& les plus exquises. Je souffre beaucoup,
„mais ce beaucoup est bien peu de chose dès
„que je pense à la gloire immortelle que tu
„me réserves sans que je l'aye méritée, & dont
„je suis uniquement redevable à ta miséricorde
„& au sang de mon Rédemteur. Ah! il est
„donc bien vrai, que je serai éternellement
„heureux. J'en sens au dedans de moi les plus
„fortes assurances, j'en ai une conviction vive
„& inébranlable. Je me nourris des plus ra-
„vissantes espérances. Je savoure les précieux
„avangoûts de la vie à venir. Déjà les maux de
„mon corps n'agissent plus avec autant de
„force sur mon ame. Déjà l'idée de ma situa-
„tion présente s'affoiblit, & disparoit en quel-
„que sorte, quand je m'occupe de l'idée du
„sort qui m'attend. Eternel, je me fonde sur
„tes promesses: toute mon attente est en toi.
„Le Tout-puissant m'aime, il me protége:
„comment pourrois-je encore me croire mi-
„sérable? S'il m'abandonnoit, à quoi me ser-
„viroit la santé, & toute la gloire de ce Mon-
„de? L'espérance, dont tu as rempli mon
„cœur, o Dieu, en bannira desormais toutes les
„agitations. La vuë de l'Eternité me rendra
„tout supportable. Ma foi sera victorieuse
„de toutes les tentations. Je vais m'épar-
„ger desormais toutes ces angoisses inutiles
„que me causoit l'état de ma santé, & la
„crainte de voir bientôt finir le cours de ma
„vie

„vie. Je ne donnerai plus à ces objets que
„les foins legitimes, mais tranquilles, qu'ils
„demandent, remettant & mon ame & mon
„corps entre tes mains, afin que tu les tiennes
„en ta fainte garde. Tu es avec moi, tu ne
„me délaifferas point. Que ton amour feule-
„ment, que ta crainte, regnent & s'accrois-
„fent fans cesse dans mon cœur; je fuis heu-
„reux, & je le ferai à jamais.

Ainfi que le cours des années

Se forme des jours & des nuits;

Le cercle de nos deftinées

Eft marqué de joye & d'ennuis.

Le Ciel par un ordre équitable

Rend l'un à l'autre profitable;

Et dans ces inégalités

Toujours fa Sageffe fuprème

Sait tirer notre bonheur

Du fein même des calamités.

ROUSSEAU.

O Sa-

O Sageſſe, ta parole
Fit éclore l'Univers;
Poſa ſur un double pole
La Terre au milieu des mers.
Tu dis.   Et les Cieux parurent,
Et tous les Aſtres coururent
Dans leur ordre ſe placer.
Avant les ſiecles tu régnes.
Et qui ſuis-je que tu daignes
Juſqu'à moi te rabaiſſer?

Le Verbe, image du Père,
Laiſſa ſon Thrône éternel,
Et d'une mortelle mère
Voulut naître homme & mortel.
Comme l'orgueil fut le crime
Dont il naiſſoit la victime,
Il dépoüilla ſa ſplendeur,
Et vint pauvre & miſérable
Apprendre à l'homme coupable
Sa véritable grandeur.

L'ame

L'ame heureusement captive
Sous ton joug trouve la paix,
Et s'abbreuve d'une eau vive
Qui ne s'épuise jamais.
Chacun peut boire en cette onde;
Elle invite tout le monde.
Mais nous courons follement
Chercher des sources bourbeuses,
Ou des cîternes trompeuses,
Dont l'eau fuit à tout moment.

RACINE.

F I N.

E R R A T A.

pag. 6. l. pen. *jamis*, lis. *jamais.*

pag. 9. l. 2. *confufes*, lis. *confufe.*

ib. l. 5. *j'ai traiter*, lis. *j'ai de traiter.*

ib. l. 13. *ébranlament*, lis. *ébranlement.*

pag. 12. l. 16. *qu'elles*, lis. *quelles.*

pag. 25. l. 22. *uu*, lis. *un.*

ib. l. 25. *d'attentiqu*, lis. *d'attention.*

pag. 22. l. dern. *les devoroit, & qu'elles font*, lis. *la dévoroit, & qu'elle eft.*

pag. 31. l. 13. *fnmées*, lis. *fumées.*

ib. l. 24. *le gêne*, lis. *la gêne.*

ib. l. dern. *out*, lis. *ont.*

pag. 32. lin. pen. *avoient*, lis. *avoit.*

pag. 62. l. 22. *de Bncheron*, lis. *de ce Bucheron.*

pag. 75. l. 18. *accoompagne*, lis. *accompagne.*

pag. 77. l. 7. *peut-être*, lis. *peut être.*

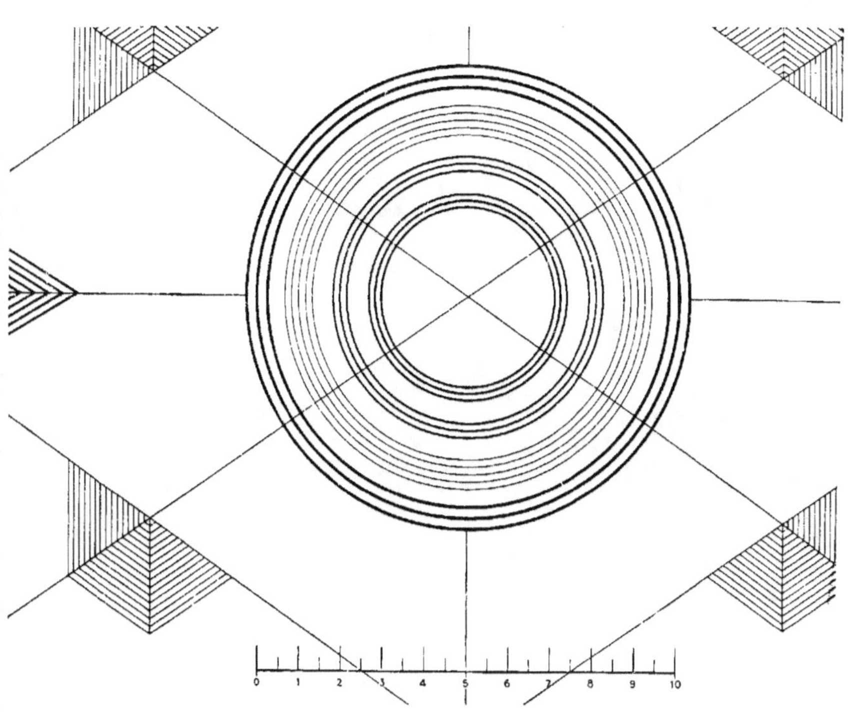

www.ingramcontent.com/pod-product-compliance
Lightning Source LLC
Chambersburg PA
CBHW071318030726

47594CB00002B/458